宇宙原力

源能量覺醒卡

The Force

前言

你瞭解自己嗎？

人又為何要瞭解自己？從何處開始瞭解自己？

瞭解自己之後我們能為自己做些什麼？或者，需要做些什麼？

以及，我們所做的一切是否真的遵循了自己身體、心智以及靈魂本質的需求？

如果你也有著同樣的問題，並且恰好看到了這套牌卡、也打開了這本書，那麼歡迎你，來到源能量的世界！

這裡有個名詞：源能量。什麼是源能量？請允許我利用些許的篇幅為你介紹講解。

「源能量」的概念，是由香朝源能量中心的創辦人洪敏喬老師提出的（她也是我進入身心靈領域學習並成為療癒師的導師）。

它的理論內容如下：

源能量：即指是來自本源的能量。萬物皆是能量，不同的頻率對應不同型態的物質，人體的精氣神亦然；

1. 每個人的內在都擁有一股自我的本源能量。這股源能量由五個部分組成，即肉體、情緒、精神、意識、靈性。這五個部分協調平衡即能讓自我本源的能量啟動。並透過頻率的振動與宇宙的本源相連接，進而達到與萬物和諧合一；

2. 每一個個體從出生開始，即因不同的際遇而有各自的家庭

背景、教育環境、成長經歷、情感體驗等。在這生命的旅程中，許多人不自覺地運用自身的源能量，發揮了自我的長才及能力；但卻有更多的人自身的源能量一直在沉睡的狀態從未啟動、或者在生活中受到創傷而失去力量、或過度地耗散源能量而不自知；

3. 人人應全觀微觀的重新認識自己內在的源能量，喚醒、修復、涵養並啟動提升源能量，藉由源能量自然的流動，擁有果敢、豁達、積極的心智、心想事成的豐盛財富。展現至真、至善、至美的個人生命姿態，終其與外在一切和諧共存，實證宇宙真理的奧義。

　　洪敏喬老師經過20多年的研習與探索，以及個人切身的修行實踐，創辦了一個幫助個體喚醒、修復、涵養、啟動、提升自我源能量的平台機構——源能量中心。它以「療、育、觀、愛」作為四大核心，打造出一個完整的研修體系。這套體系名為《源能量生命力指數模型》，即Source Energy Life-Force Index Model，簡稱SELF體系。SELF體系是整個源能量中心的理論支撐與指導。

　　在源能量系列的課程中，我們可以學習到改善身體健康的方法、學到應對生活困惑與情緒管理的智慧、學會如何修鍊強大的精神力、意志力，進而深入探索我們內在的靈性本質，最終能夠活出屬於自己的樣子。

　　但無論學什麼，一個真理、一個知識或者技能，它們能否成為自己的，能否為己所用，其實最重要的是在課堂之外的生活、工作、人際等，方方面面的「實戰演練」。甚至很多人，是沒有機會、或暫時沒辦法專門的去進行自我提升的學習。

源於這樣的初衷，兩年前我的導師洪敏喬老師在多次接引到牌卡的靈感後，便召集了一支團隊開始進行牌卡的設計與編輯。

這套《宇宙原力：源能量覺醒卡》的意義就在於：

即使是這方面的小白，塔羅牌卡方面的零基礎者，它依然可以簡單易懂的幫助你實現日常的自我檢測與身心調整。

對於參加過源能量系列課程的夥伴們來說，這套牌卡則如同一套圖文結合的「源能量」配套說明書、自我對焦參照卡、指示卡。

簡單、好玩、好看、好用，我想是這套牌的特點。另外，隨著你內在靈性智慧的不斷提升，它依然可以更深入的為你所用。

有這樣的工具，是不是很棒？

每個人都是一個獨立的個體，每個人都應為自己的生命能夠獲得喜悅、豐盛以及富足、並使之展現出最好的狀態而負責。在我們想要用盡力氣向外探索世界、探索他人之前，其實應該先探索自己。

因為，在探索瞭解自己的過程中，在不斷挖掘自己的內在寶藏的過程中，你開始發現自己的天賦、才華、長處所在，然後盡可能的在自己的方方面面去運用它們。學會揚長避短，而不是用自己的短板去挑戰，輕鬆獲勝贏取人生。

人就是在這樣的探索過程中，一次次的建立自信、獲得尊嚴、獲得力量、也獲得平靜。這樣的成長才是有利於人生向著豐

盛富足、輕鬆自在的方向前進的。

　　讓我們從此刻開始，藉由這套《宇宙原力：源能量覺醒卡》為輔助工具，進行一段自我探索與提升的旅程吧！

推薦序：直指人心的慈悲

　　這是一款乍看之下簡單明瞭的牌卡，事實上，祂一點都不簡單。我之所以用「祂」來形容這套《源能量覺醒卡》，是因為，我感受到了「源能量學院」的創辦人——小喬老師——的極度用心與慈悲。

　　12年前，因為小喬老師的引薦，我成為了《光之藏》二代的文字作者。承蒙小喬老師的慧眼欣賞，我也趁機將前半生所學的各宗各教各門各派之所長，做了一個整合與傳承。

　　回顧這12年來的點點滴滴，實在難以用文字來做凝煉，只能說「盡在不言中」。而今，深受小喬老師照顧的我，又再次獲得她的邀約為牌卡寫序，真心感恩老師對我的肯定，倍感榮幸。

　　當小喬老師第一次在視頻裡把這套《源能量覺醒卡》展示給我看時，我就被祂展現出來的能量深深地感動了。

　　祂，以脈輪為基礎，搭配守護覺知、掌握幸運的力量動物，再加上轉識成智、化不可能為可能的陰陽之力，最後回歸到乾與坤的天地造化之間，回歸到「心能生萬法」的太極圖之中。

　　在上下來回的脈輪沖刷之間，我看到的，是一種靜定和享受過程的能量運作。化繁為簡，很接地炁，很具象，很入世，很直接，很自在。

　　尤其，在這2020年，在這「不知道該用什麼方式來證明愛祢愛妳愛你愛Ni」的一年裡，這套牌卡的出現，更顯彌足珍貴與來之不易。畢竟，人類集體意識的提升，往往需要藉由外在的刺激才能進行深刻的轉化。

總而言之，大地需要休息，人類需要反省；根性需要坦誠面對，抱怨解決不了問題。而我們，都得學會習慣我們的新習慣，並且也得讓我們的心習慣。

　　這套牌卡，就是讓我們都能重新看見自己慣性和習氣的一個非常好的指引。乍看彷彿是個遊戲，卻能因此窺見神諭的指引，讓我們能更加坦誠地面對自己的彆扭與執著，捨下「求不得苦」，踏實築夢，讓彼此的生命都變得更圓融與幸福。

　　因此，我也在此真誠祝願，祈願所有與祂相遇的人，皆能轉識成智、平安健康、富貴吉祥、源通自在。

晶哆菈

宗教心理學專門史碩士
資深身心靈命理諮商師
身心靈工作室——禪馨工坊　負責人

推薦序：創造自己的貴人

　　每一個人都有自我的意識，自我意識會受到外在環境及訊息的干擾，所以當發生事件時，當事人無法用客觀的心境去處理問題。然而外在世界的狀態，都是來自內心的投射，不管發生什麼事情，主觀的看法跟客觀的看法都不會一樣，所以人生本來就沒有所謂的標準答案。

　　宇宙間存在多元的能量，每種能量的特質都不一樣，然而「源能量覺醒卡」可以把這些能量具體化，不僅畫風獨特且非常有力量。每張牌意涵宇宙無限奧祕，像穿透時空，能夠精準呈現每個問題最原始樣貌，可細讀每張牌意，經由牌意指引、探索、覺察、領悟。不經讚嘆牌卡能夠呈現那麼細微的訊息，讓我們能夠與宇宙連結。

　　當人生有迷惘或重大選擇，自己無法做出決定時，有些人會尋求神祕的力量協助。在21世紀，資訊大爆炸的時代，訊息流通量與速度，都比上一世紀來的更多更洶湧，接收到的訊息不單只侷限於一個地方，而是來自於全地球。而塔羅牌起源於歐洲，牌卡設計以地區文化特色為代表。現在市面上，新牌卡日新月異，各有特色，但將天地人整合一起的牌卡卻是寥若晨星，這套牌卡連結身心靈延伸到宇宙，是一副上知天文下知地理的組合。

　　身為人類，每個階段學習的課題不同，有人從高往下學，有人從低向上走，如同現實生活中，由窮轉富或反之，我們可藉這套牌卡與自己對焦，在當下能得到明確指引，無論狀態、情境、心境、在牌卡面前無所遁形。牌卡中所傳達的能量也並非我們能

言語，雖然只是一張卡上面印了花樣，畫了圖騰，做了一些色彩的搭配，但整體的能量卻賦予了與宇宙的連接，直視牌卡，就感覺有能量在你身上串流，只能說不可思議，只有親自體驗才明瞭。

「源能量覺醒卡」幫助我們與宇宙連上線，不單只是接收地球的訊息，更接收宇宙的指引。每個人的人生都有關卡，重要的是在事情當中所學習到的經驗，大風大浪的到達終點，或風平浪靜偶爾出現些波紋，全在於你的選擇，而與其等待貴人的出現，倒不如自己創造自己的貴人，邀請你，此副牌卡與你一起當自己生命的貴人。

吳景斌-MIT

心靈透析國際企業股份有限公司-CEO
東方能量指引卡作者
美國國際催眠師協會NGH催眠師／催眠講師
文化大學推廣部台中分部-心靈圖像解析系統系列課程講師
上海人才中心21世紀緊缺人才專業證書：藝術應用引導師

策編人：小喬老師

孔老夫子說：「吾十有五而志於學，三十而立，四十而不惑，五十而知天命，六十而耳順，七十而從心所欲，不逾矩。」

猶記得國中時，每天要背論語，默寫，心裡還抱怨著這些古人聖賢們話還真多，各個什麼「子」的，都能長篇大論，真是苦了我們後代這些莘莘學子。記憶仍猶新，時光歲月卻在不知不覺中，已到了知天命之年，與其說知天命，還不如說到這個年歲，已有了自知之明。

年輕時即對心靈探索感興趣，從高中開始就看了非常多哲學、國學、佛學、中西方心靈導師的書，全因來自於，「我覺得自己是一個複雜矛盾的人」，於是我的前半生，幾乎全用來理解及改造自己這個人，至今不敢說已明心見性，但至少心中清靜常存，是個明白人了。既然說自己明白了，那什麼能讓自己心之所向，能湧現熱情，能欲罷不能的，肯定是知之甚深了。

話說，這套牌卡的緣起，即是因此而生的。朱玥，淑偉、美瑤歷經不知道扒了幾層皮的折磨，將近兩年，才完成這套圖文的聯合創作。而我就是那個始作俑者，我沒有企圖心及恆心去完成什麼著作，雖然這幾年，很多位關心我的朋友勸我唸我，需要把思想體系及課程板塊，出幾本書來細說分明，但我就是懶，不過，我誘導、威逼、哄騙、激勵學生的耐性及熱情，還真是永不止息。

我陪著朱玥磨了兩年，她多次自我懷疑，撞牆碰壁，告訴我她想像不出來也感覺不到什麼是胃輪水元素的畫面。淑偉也不知

道多少次問我，老師，為什麼你就認定我能寫？我的答案總是，你的靈魂告訴我他很行，不信你自己跟他聊聊吧！

美瑤十多年來，跟我走南闖北，早已習慣我給她各種不合理的任務，這回，讓她寫書，她也是三條線，心裡的OS是，這回的任務還挺有創意的，沒有很難，只有更難！如今這套圖文並茂的牌卡問世，正證明我果然慧眼獨具。

激發一個人的內在潛能，助其展現鋒芒，正是我樂此不疲的事，與其當一個金牌選手，我更鍾情於當一個教練。自從有了這份自知之明，我便能讓自己時刻處於坦然安定的心境，安心做一個孤僻平凡的人，安心自己沒有什麼傲人的成就，安心做一個陪伴明日之星成長的人，我的成就感來自於建設他人，來自於能獲得信任，參與有緣的靈魂的生命路程。我的作品是人。

這篇文字，完成在出版社訂的最後的截稿日，對我而言也正是很個人的特別日子，不禁感嘆宇宙的巧妙安排，這套覺醒卡的發想始於2018，完成於最動盪不安的2020，期盼未來藉由這套覺醒卡與我們相識的朋友，能一起探索內在的奧妙世界，我們將與你同行，同在！

洪敏喬

2020.10.26

破繭成蝶：黃淑偉

看到這套牌卡的朋友，您好，我是黃淑偉。是《宇宙原力：源能量覺醒卡》的編寫者。參與編著是我的榮幸，這也是一次非常有意義的經歷。

自醞釀到編輯設計成型，這套牌卡歷時了兩年時間。這期間，我曾懈怠、曾自我懷疑。如果要問是什麼推動著我把它完成了，或許是內心那種「自我挑戰」的動力吧。記得小喬老師在第一次跟我說：「我們的牌卡，你可以把它寫出來」時，我是退縮的，覺得自己沒有經驗、覺得很難。其實所有的「我覺得」，不過是我內在潛意識的程式而已，它們是被我無意識放大的「紙老虎」。因為，我不曾真正的瞭解自己，沒有認真探索自己的能力所在。

整個寫作過程，是一次自我成長的過程，不瞞你說，成長一點兒也不輕鬆，還挺煎熬。但美麗的蝴蝶，一定是要把繭破掉才能成蝶的。不是嗎？能夠堅持不放棄、一次次突破內心的自我否定與自我評判的障礙，這是我獲得的極為寶貴的禮物。關於寫作，很多時候是靈感乍現，更是靈魂與時空智慧碰撞之後的體悟。這期間我也學會了用開放的方式提問自己：還有什麼可能性？如何可以更好？開放，即意味著更多的可能性。感謝自己逼迫了自己一把！

任何事物的顯化絕不是個人的功勞，它集合了許多數不清的因緣排列組合、能量綜合運作而彙聚出來。這套牌卡便是凝聚了許多人的愛：我的導師洪敏喬女士是這套牌卡的發起者，她在這

套牌的設計、思路、規劃、編著、修訂等等各方面全程給予了輔導和支援。我的搭檔、牌卡圖片原創設計師朱玥，她的藝術創作賦予了每一張牌獨有的美和意境。還有所有源能量中心的工作夥伴們，她們在背後的陪伴與出謀劃策。還有我的同修夥伴、以及許多來訪者的故事，都給了這套牌很大的啟發和靈感。包括背後支持我們的策劃經理、負責出版的朋友等等，他們有形無形和付出，是這套牌卡順利面世不可或缺的一部分。在此無比的感謝他們！

感謝選擇這套牌卡的你，不論它會陪伴你多久，我相信它一定對你有所幫助，它能在你需要的時候陪伴你、傳遞支持與祝福。每個人都值得擁有一段精彩、美麗的人生，你也不列外！謝謝你，我愛你！

黃淑偉

心中的明鏡：美瑤

　　透過小喬老師引薦，我接觸靈性能量學習已經有十五年的時間，她不但是工作上的夥伴，靈性的家人，也是引我入門的老師，讓我知道了修行的意義以及靈性的生活方式。

　　一開始，我是個小白什麼都不懂，一路上就傻傻的跟著小喬老師。緣起是她先去學習靈性課程，之後，她將心得分享給我，告訴我這一段的學習對她的生活及身心靈的提升很有幫助，於是我也去參加課程，當時還有我們好幾位一起工作的夥伴也同時加入。在那段一起工作一起學習靈性的歲月，真是充滿了無限美好的回憶。在我們的靈性導師的啟發教導下，我們每一個人都獲得了生命根本性的突破跟改造。也十分感念及感恩當時陪伴我們成長的許多老師。唯一沒想到的是，這段時光因此而改變了我人生的軌跡。

　　從學員矇矇懂懂的到現在成為源能量中心的一員。在這近十六年的過程中，我學會釋放情緒、舒緩身心，找到淬鍊心智精神的方法，以及品嚐到空性極靜的奧妙，這些只有自己經歷過及感受過，才知道超凡入聖的先知們，所言不虛，人人內在力量浩瀚無窮，只要我們願意去探索。

　　香朝源能量中心的創辦，是我成為療癒師的契機。在源能量課堂中，更清楚了五體（肉體、情緒體、精神體、意識體、靈性體）與生活切割不開的關係。

　　由於生活中各種角色及大大小小的事太多，多數人被基礎的三個體給攪渾（精神體、情緒體、肉體），不知道能用什麼方

式去調整、去切換頻率來改變事務，往往不是被情緒體帶著跑，讓事情變的一發不可收拾，要不就是困在精神體，沒有勇氣與力量去行動，久而久之身體就因內耗、衝突、矛盾而出現健康的問題。而我們創作《宇宙原力：源能量覺醒卡》，就是為了幫助人們釐清問題發生的根源，與自己的真實感受對話，透過牌卡來協助自己找到恢復平衡的方法。

在自創的牌卡出現以前，我也有用牌卡對焦的習慣，遇到了無法抉擇的事情，就會藉由抽牌來釐清思緒，當我們以這樣的方式使用牌卡，牌卡的指引就有如一面鏡子，能夠照映出生命中的許多矛盾點並提示如何突破。

《宇宙原力：源能量覺醒卡》創作，是小喬老師的願力，也結合著我們每個人的努力，每一張都是獨立而特別的，牌卡的圖像可激盪深層意識，文字說明可給予思路及啟發，連接人與卡互通的能量，療癒自我也療癒他人。

最後，非常榮幸能參與《宇宙原力：源能量覺醒卡》的文字創作，感恩造化、感恩一切。

美瑤Meiyah

目錄CONTENTS

前言 4

推薦序：直指人心的慈悲 8

推薦序：創造自己的貴人 10

策編人：小喬老師 12

破繭成蝶：黃淑偉 14

心中的明鏡：美瑤 16

關於本套牌卡 22

使用說明及牌陣 30

一 主牌 38

　1. 海底輪：力量 38

　2. 臍輪：鍾愛 40

　3. 胃輪：赤子 42

　4. 心輪：祝福 44

　5. 喉輪：變化 46

　6. 眉心輪：超越 48

　7. 頂輪：觀照 50

二 副牌 52

　1. 海底輪・地元素：定見 52

　2. 海底輪・水元素：積極 54

3. 海底輪・火元素：極致　56

4. 海底輪・風元素：轉變　58

5. 海底輪・愛元素：自然　60

6. 臍輪・地元素：本質　62

7. 臍輪・水元素：釋放　64

8. 臍輪・火元素：探索　66

9. 臍輪・風元素：依戀　68

10. 臍輪・愛元素：單獨　70

11. 胃輪・地元素：守護・　72

12. 胃輪・水元素：滋養　74

13. 胃輪・火元素：挑戰　76

14. 胃輪・風元素：任意　78

15. 胃輪・愛元素：祈禱　80

16. 心輪・地元素：收穫　82

17. 心輪・水元素：因緣　84

18. 心輪・火元素：呼吸　86

19. 心輪・風元素：陪伴　88

20. 心輪・愛元素：自由　90

21. 喉輪・地元素：信任　92

22. 喉輪・水元素：交流　94

23. 喉輪・火元素：敞開　96

24. 喉輪・風元素：臣服　98

25. 喉輪・愛元素：遠征　100

26. 眉心輪・地元素：沉靜　102

27. 眉心輪・水元素：接受　104

28. 眉心輪・火元素：速度　　　　　　　106

29. 眉心輪・風元素：過程　　　　　　　108

30. 眉心輪・愛元素：穿透　　　　　　　110

31. 頂輪・地元素：懷抱　　　　　　　　112

32. 頂輪・水元素：遊戲　　　　　　　　114

33. 頂輪・火元素：洞見　　　　　　　　116

34. 頂輪・風元素：簡單　　　　　　　　118

35. 頂輪・愛元素：奧祕　　　　　　　　120

三　**守護精靈**　　　　　　　　　　　122

1. 獨角獸：純潔無私的追夢者　　　　　122

2. 龍：變化萬千的守護者　　　　　　　124

3. 虎：勇猛前行的冒險家　　　　　　　126

4. 耳廓狐：大地的傾聽者　　　　　　　128

5. 戰馬：果敢剽悍的勝利者　　　　　　130

6. 老鷹：目光如炬的御風行者　　　　　132

7. 貓頭鷹：黑暗中清晰地覺察者　　　　134

四　**守護法器**　　　　　　　　　　　136

1. 香：靈性提升　　　　　　　　　　　136

2. 香：守靜生力量　　　　　　　　　　138

3. 寶石：彰顯財富的價值　　　　　　　140

4. 寶石：守成勤奮　積攢財富　　　　　142

5. 植物：迎向陽光　充滿生機　　　　　144

6. 植物：懷抱珠露　靜待朝陽　　　　　146

7. 寶劍：氣定天下　　　　　　　148

8. 寶劍：華光初現　　　　　　　150

9. 弓箭：聚焦目標　　　　　　　152

10. 弓箭：蓄勢待發　　　　　　　154

11. 光球：四海一家　　　　　　　156

12. 光球：靜即一切　　　　　　　158

13. 書：善用書中的知識　　　　　160

14. 書：挖掘知識的寶藏　　　　　162

五　戰神　　　　　　　　　　　164

1. 摧魔戰神　　　　　　　　　　164

2. 涅槃戰神　　　　　　　　　　166

3. 財富戰神　　　　　　　　　　168

4. 藥王戰神　　　　　　　　　　170

5. 金剛手戰神　　　　　　　　　172

6. 無量戰神　　　　　　　　　　174

7. 虛空藏戰神　　　　　　　　　176

六　乾　　　　　　　　　　　　178

七　坤　　　　　　　　　　　　180

關於本套牌卡

一、《宇宙原力：源能量覺醒卡》

★由香朝源能量中心設計規劃

★文字說明作者：淑偉（脈輪共42張）、

　　　　　　　　　美瑤（精靈、法器、戰神、源頭共30張）

★設計繪畫創作：朱玥

★本牌卡共72張，分類如下：

7張主牌：代表七大脈輪

35張副牌：各分別代表七脈輪中，地、水、火、風、愛五
　　　　　種元素

21張守護牌：七位守護精靈、十四件陰陽能量的守護法器

7張戰神牌：財富、無量、藥王、虛空藏、摧魔、金剛手、
　　　　　涅槃

2張源頭牌：乾、坤

二、本牌卡所包含的元素

1、脈輪＆符號

★在身體軀幹四肢中，遍布著無形的能量通道，中醫稱為
經絡。經絡的交叉點則形成我們所說的穴道。而在每個
人的身體中央，有七個能量中心，稱為脈輪（Chakra）。
脈輪位於脊椎前方，從出生到死亡一直不停的旋轉，
「Chakra」意思是「旋轉的輪子」。銜接七個脈輪的是一
條細微的能量通道，稱為中脈。

★七大脈輪連同把脈輪連接在一起的中脈，脈輪與中脈是一個整體，它們是人體能量場（生物電磁場）的重要部分。

★本牌卡結合源能量理論，把七大脈輪作為重要的對焦與檢測要素，是因為每個脈輪，都直接關聯、影響、並反映著源能量五體，即肉體、情緒體、精神體、意識體、靈魂體的頻率。

★七個脈輪也各有其代表的力量與生命課題，原則上，第一、二、三脈輪與身體、親密關係與自我的問題有關；第四、五、六、七脈輪與內在本質的力量較相關。而中脈則關乎體內能量與大宇宙高等能量是否流暢有關。在能量醫學里，其實沒有「病」的概念。是因為我們的生命旅程中，教育背景、成長經歷、情感體驗、創傷等等，讓五體的能量失衡，因此源能量未能很好的啟動、運用、修復涵養，以致身體、生活、關係、事業工作出現問題和坎坷。

★在本牌卡中用意象型的符號，來代表每一個脈輪的特性，依序說明如下：

第一脈輪，海底輪，符號「金字塔」

　　象徵：族群、穩定、生命力

第二脈輪，臍輪，符號「蓮花」

　　象徵：關係、情感、慾望

第三脈輪，胃輪，符號「太陽」

　　象徵：自我、力量、展現

第四脈輪，心輪，符號「太極」

　　象徵：愛、和諧、平衡

第五脈輪，喉輪：符號「雲」

象徵：交流、變化、創造

第六脈輪，眉心輪，符號「金剛杵」

　　象徵：意識、洞見、覺察

第七脈輪，頂輪，符號「轉經輪」

　　象徵：靈性、直覺、智慧

2、五大元素：地、水、火、風、愛

★「地水火風」的說法，原是古印度用以分析和認識物質世界的傳統說法。後佛教加以改造，在佛教中，被認為構成世界一切事物的四大基本因素，即「四大皆空」的「四大」分別是：地、水、火、風。大乘佛教和小乘佛教對這四大元素的解釋也有所不同。

★佛教主張世界萬物與人之身體皆由地、水、火、風之四大和合而成。「四」是指地、水、火、風四物，也指堅、濕、暖、動四性。稱之為「大」，是因為它普遍存在於任何物體中，也就是說，「四大」是每個物體自身所固有的物性，而不是單指自然界的大地、河流、日光、風力。

★就人的身體而言，人體也是個小宇宙，身體每個部分都各自有著「地、水、火、風」的頻率與特質。比如，皮肉筋骨屬「地大」，汗血津液屬「水大」，體溫暖氣屬「火大」，呼吸運動屬「風大」。物質(佛法稱為色)由「四大」構成的觀念，反映了古代印度人對物質世界構成的基本認識，是人類對宇宙本體初期探索的結果，屬於一種樸素的唯物論思想，這樣的觀念和中國古代「五行」（金、木、水、火、土）學說相近似。佛教產生後，沿用了古印

度固有的思想並加以深化，提出了「四大皆空」的思想。

★能量的特性告訴我們，每一種事物在不同條件下它的能量
　頻率是會變化的，脈輪更是如此。因此，當在不同情境、
　不同因素、不同背景、甚至不同的心念，每個脈輪，都會
　顯現出地、水、火、風、愛的特質，只是它從來都不會固
　定在某個特質裡。本套牌卡中，每個脈輪結合地水火風愛
　的特質來比對自身的時候，就更加細化了我們對自己的理
　解，讓很多問題可以具象、細緻，從中得到清晰的體會與
　提示。

★地：　地元素是自然的基本元素，你可以聯想到地球、土
　　　　地、山川等。如，當想到大地之母，便會聯想到她的
　　　　穩定、承載、豐饒富足、安全、孕育。地元素代表著
　　　　安守、穩定、積累、孕育、安全、包容等特點。

★水：　水元素的形態很多，如海、河、江、溪流、雨等。它
　　　　沒有一個固定的形態，或者說，它本無形態，卻又可
　　　　以因不同地勢、容器、環境、溫度而變化。它可柔
　　　　軟、可剛強、可大可小、可動可靜，順勢且可變化
　　　　著。於是它代表著流動、滋潤、純淨、淨化清理、持
　　　　續的特質。

★火：　只有燃燒著的，才是火。只有燒起來，火才有它該有
　　　　的力量，燃燒的那一刻即展現生命的爆發力、摧毀障
　　　　礙。但火無法自己燃起，必須借助外部力量來推動，
　　　　沒有相和相應，這火無從生起。在如來藏中，火的本
　　　　性是空性，空性卻可以隨緣顯出火的作用，它們本來
　　　　清淨，盈滿一切形質器物世界，隨順著眾生的識心而

現示，應和著眾生的認知限度而現示。火元素，有著力量、溫度、熱烈、行動、突破、借勢，這樣的特質。

★風： 風性最是無常的。自身沒有形體，摸不著看不見，更也無法控制它。風元素，它的特性是自由、放鬆、任意、穿越、不受限。不要帶著掌控的心去尋找風，想要感受它的能量，你需要打開更深更寬廣的感知和覺知。隨心而起卻無蹤影，是風的本質。

★愛： 這裡說的愛，是具有空性品質、高緯度的大愛，可包含一切。它帶著覺知、高度、中性的頻率，允許、包容一切的展現，和真、善、美的呈現，也同時涵容了地水火風之能量。

三、陰陽能量

★「道生一，一生二」，這裡的「二」，指的就是陰性與陽性。萬事萬物都同時具備陰性與陽性能量，它是同一事物的兩個不同展現，人亦如此，脈輪也是如此。

★陽性能量的展現，是向上、外放、動態的。陰性能量的展現，則是向下、向內、收斂、靜態的。如同太極，此消彼長、彼消此長，所以陰陽能量是需要兩者平衡，而不是壓抑或過度運用，也不可只展現某一方。還需帶著覺知去運用，才會使我們的源能量健康和提升。

四、數字

★在西方，生命靈數、塔羅、占星並列為三大神祕學，有著

精准的預測性。數字能量的研究在我們東方的易經也早有探討。數字與我們息息相關，從出生年月日時，到證件號、門牌號、車牌號⋯⋯數字無處不在。數字對我們具體會有什麼樣的影響，這其實是一門專業學科，在《易經八卦》、《生命數字》一類的書籍中會有不同派別的詳盡講解。

★在我們的牌面上，使用到數字，是我們把每個數字能量特質與脈輪的能量特性相結合，使得每張牌給予的信息更加精準到位。

★如：數字1的特性：源頭、獨立、開創、先鋒、自我⋯⋯

數字2的特性：合作、配合、團隊、兩極、交互⋯⋯

數字3的特性：完美、藝術、變化、創造、溝通⋯⋯

數字4的特性：穩定、安全、信賴、堅持、精進⋯⋯

數字5的特性：自由、豐富、敏銳、多元、開放⋯⋯

數字6的特性：保護、療癒、修整、承擔、無私⋯⋯

數字7的特性：獨特、新奇、聰慧、思考、探索⋯⋯

數字8的特性：更新、權利、財富、專注、擴展⋯⋯

數字9的特性：夢想、服務、創意、光明、接納⋯⋯

當然，具體情況需具體分析，每個數字在每張牌裡會帶來具備什麼樣的提示，需要結合整體牌面的含義以及當下問題來做整體分析、探討。

五、這套牌，可以用在哪裡？

★**身體方面**：針對自身七大脈輪能量進行對焦，瞭解當下需要調整或提升哪個脈輪能量。

★**心靈與靈性方面**：使用牌卡的過程練習靜心與自我連接的過程，當進入放鬆與平靜的頻率後，讓牌卡為你揭示當下潛意識想要告訴你的，以及你可以運用什麼脈輪的頻率來處理目前的問題。

★**祈禱與祝福**：對自己、他人或某件事，祈請牌卡裡的守護精靈、戰神為你加持高頻能量。

★**自我對話與自我療癒**：使用牌卡的過程，便是一次把注意力回歸到自己身上與內心對話的過程。無論面臨什麼樣的事件，特別是困境與傷痛，我們都需要學會管理好自己的內在能量，這份寶貴的內在能量即注意力。嘗試著放鬆、靜下來，與你內在的神性連接，這就是自我療癒的方法。

使用說明及牌陣

一、使用方式說明

　　第一次使用這套牌卡的時候，請將牌一張張拿起來，凝視著牌卡，連結圖中的能量。使用牌卡的次數愈多，與牌卡本身的連結就會更親近、更有共鳴。

二、醒牌

　　當你第一次要使用「宇宙原力：源能量覺醒卡」時，請先把牌「喚醒」。步驟如下：

1. 調整呼吸，從心中發出感謝與喜樂的能量連結到牌卡中。
2. 點上淨化用的香，將牌卡一張一張過香。
3. 洗牌。
4. 將整副牌收整放於胸口，感覺你全身的能量將牌包覆。
5. 一分鐘後即可使用。
6. 用完之後也再一次連結感恩能量將牌包覆，並淨化卡牌即可收起。

三、導牌

1. 將牌覆蓋於桌面，打亂散開，抹牌，再疊為一疊。
2. 放鬆身心，感覺自己處在中性的狀態。
3. 決定問題，洗7下或21下。
4. 將牌卡在面前攤開，用左手來選牌（容易連結直覺）。
5. 抽牌後，請先拿著牌卡，看著圖案並且緩緩呼吸。連結牌

卡的能量，你將會觀照到自己的感受。也可以參考書中的說明，可以產生更多的靈感。收到最適合自己的建議。

- ・牌卡正位、逆位的訊息不一樣，請參考書籍解釋。
- ・可以由解牌人洗牌，發問人抽牌；也可以由發問人自己洗牌選抽牌。
- ・不用太拘泥形式，乾淨清爽的環境及抽牌時放空放鬆的心最重要。

四、牌陣說明

★一張牌

1. 洗好牌之後抽出一張或選擇最上面那張。
2. 作為當日計畫的提醒或是自我對焦。
3. 牌卡正位、逆位意思不同，請參考書籍解釋。

★二張牌

1. 先將牌分成兩份，一份是脈輪42張、另一份是精靈+法器+戰神+乾坤30張。
2. 從脈輪牌中抽1張牌來檢視問題，了解目前現狀。
3. 從另一份牌卡中抽出1張，作為補充說明或解決方案。
4. 注意牌卡正位、逆位，請參考書籍解釋。

1 現狀 檢視問題	2 補充說明 解決方案

★三張牌

1. 洗好牌之後將牌疊成一疊，最上面那張為第一張，最底下那張為第二張，從整疊牌中間抽出一張為第三張，；或者任意抽出三張牌，照下圖順序排列。

2. 此牌陣可以幫助你了解天時地利人合，或者身心靈目前的狀態。

3. 注意牌卡正位、逆位意思不同，請參考書籍解釋。

1	3	2
天（靈）	人（心）	地（身）
趨勢	關鍵	現狀

★五張牌陣

1. 洗牌依序抽出五張，按照下圖方位排列再依序翻開牌卡

2. 注意每張牌卡出現正位逆位的位置，請參考書籍解釋。

```
                    ┌──────────┐
                    │ 4        │
                    │          │
                    │ 關鍵     │
                    │          │
                    │ 挑戰     │
                    └──────────┘
┌──────────┐  ┌──────────┐  ┌──────────┐
│ 2        │  │ 1        │  │ 3        │
│          │  │          │  │          │
│ 外在環境 │  │ 核心問題 │  │ 內在影響 │
│          │  │          │  │          │
│ 表意識   │  │ 本質     │  │ 潛意識   │
└──────────┘  └──────────┘  └──────────┘
                    ┌──────────┐
                    │ 5        │
                    │          │
                    │ 結論     │
                    │          │
                    │ 導向     │
                    └──────────┘
```

★自我源能量檢視　牌陣

1.洗牌依序抽出五張，按照下圖方位排列再依序翻開牌卡

2.注意每張牌卡出現正位逆位的位置，請參考書籍解釋。

```
┌────────┐ ┌────────┐ ┌────────┐ ┌────────┐ ┌────────┐
│ 1      │ │ 2      │ │ 3      │ │ 4      │ │ 5      │
│        │ │        │ │        │ │        │ │        │
│ 身體   │ │ 情緒體 │ │ 精神體 │ │ 意識體 │ │ 靈性體 │
│        │ │        │ │        │ │        │ │        │
│        │ │        │ │        │ │        │ │        │
└────────┘ └────────┘ └────────┘ └────────┘ └────────┘
```

★關係牌陣

1. 適用於婚姻家庭戀愛中的情感、事業合夥人、同儕夥伴之間的關係問題，可透過此牌陣了解彼此的矛盾點。

2. 分為橫式牌陣（適用於同一輩分及平等關係）及直式牌陣（適用於上下級及長晚輩關係）。

3. 情感關係牌陣為男左女右，若問牌者為女士，則從右方開始（參考圖一），抽9張牌依序按照數字順序及位置擺上。若問牌者為男士則從左邊開始（參考圖二）。若是事業合夥關係牌陣，則以問牌者為主，均使用圖一的順序。

（圖一）

	8 男 感受				4 女 感受	
7 外在 環境	6 男 目前整 體狀況	2 兩人關鍵 連結點		1 女 目前整 體狀況	3 內在 影響
	9 男 想要的結 果或未來				5 女 想要的結 果或未來	

（圖二）

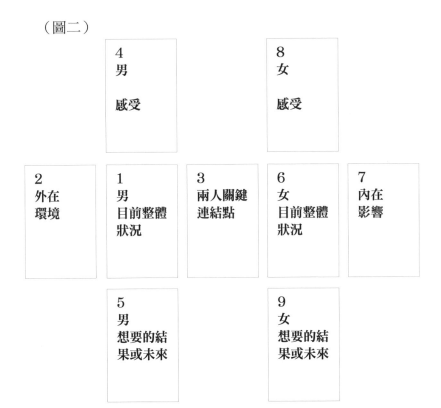

4. 適用於親子關係、領導關係、上下屬關係、長輩晚輩關
係。以抽牌者為主，若是抽牌者為晚輩或下屬，則長輩或
上級位於上方（參考圖一）。若抽牌者為長輩，則是抽出
自己的牌陣後，再抽的放於下方牌陣（參考圖二）。

（圖一）

	9 長輩 期待	
7 長輩 外在展現	6 長輩 目前整體 狀況	8 長輩 內在心裡
	4 兩人關係 連結的關 鍵	
2 晚輩 外在展現	1 晚輩 目前整體 狀況	3 晚輩 內在心裡
	5 晚輩 期待	

（圖二）

4
長輩

期待

2
長輩
外在展現

1
長輩
目前整體
狀況

3
長輩
內在心裡

5
兩人關係
連結的關
鍵

7
晚輩
外在展現

6
晚輩
目前整體
狀況

8
晚輩
內在心裡

9
晚輩

期待

第一脈輪：海底輪

- 主牌
- 光譜：紅色
- 符號：金字塔
- 涵義：力量
- 數字：1

力量，從好好活著開始。

身體康健牢固，並使之安全安定，才能滋生力量。人的力量起始於鮮活生命力，接下來才能培養內在的精神力及意志力。

平衡的海底輪如金字塔的底座安穩牢固，它的椎體健壯、四面對稱。它既接引著大地能量，也同時向身體各部分提供能量。海底輪存儲著每個人家族源頭的DNA、記錄著生命成長的種種經驗、以及可以滋養身體每個細胞生命的力量源泉。所以，海底輪是生命力源能量的根基，它確保身體免疫力、生命活力、生存動力可以維持與正常運轉，提供生命保障與安全，為身體保駕護航。

當海底輪平衡，那麼它的能量就能如金字塔椎體頂端，高高地沖向雲霄，指向第七脈輪的靈性大殿，金字塔的底盤越大越寬廣、地基越厚時，椎體就能夠升得越高，也就意味著，第二、三、四、五、六、七脈輪的能量可以被很好的帶動、彼此連結，為其他的脈輪提供能源。

當你抽到這張主牌時，代表目前所遇到的問題，關係到海底輪的能量。

★提示：

　　1.回到身體，去關愛你的身體，它需要你好好的照顧它。

　　身體是你靈魂的壇城，過度使用身體，或是內在情緒、精神、心理其他方面有狀況，都會反映在身體上。

　　要能好好活著，首先要讓自己的身體得到妥善照顧與安置，這一切的負責人是你自己。包括：可口營養的食物、溫暖舒適的衣服與住所、踏實的好睡眠……，讓生活最基本的條件得到滿足，是照顧好自己的前提！

　　2.接納並感恩，為你帶來轉變。

　　原生家庭對於長大了的你來說，也許變成了壓力與制約，甚至是傷害。但每個人生命源能量的根源卻是家族的DNA所賦予的，從某種意義來說，海底輪的能量，即是整個家族DNA優化之後的能量傳承到我們自身，不可能天生完美無缺，但那些不完美之處，正是我們需要去學習與調整之處。它無法選擇，也不能去掉，避而不見並不是個好辦法。學會接納與感恩，是局面開始轉變的大前提。

★金字塔力量祈禱詞：我可以感覺到我的呼吸，緩緩的吸氣，吐氣。新鮮的空氣自然的流入我的身體，也自然的流出。我可以感覺到我的心跳，每一次的跳動，如此有力、規律、真實。我可以感覺我身體的每一個部位、甚至每一顆細胞，它們完全屬於我。感恩我的身體，感恩它保持著健康、活力、精力。我愛我的身體。

★逆位：

　　最近焦慮、抑鬱、患得患失的情緒有點爆棚。時常感覺內心不踏實、沒有安全感，變得緊張兮兮，總想控制身邊的人卻又發現辦不到。

第二脈輪：臍輪

- 主牌
- 光譜：橙色
- 符號：蓮花
- 涵義：鍾愛
- 數字：1

鍾愛
Cherish

Master

　　用蓮花的符號來代表第二脈輪，臍輪，是因為我們每一個人，都是從母親溫暖的子宮被孕育而出的。這份孕育生命的愛出於自然的天性，完全無條件的給予及守護，讓人類因此能代代相傳。

　　這也意味著第二脈輪是我們每個人情感的起源，也是我們蘊藏情感的蓄積庫。如果負面的情緒太多，情感得不到滿足，就會消耗我們第二脈輪的能量，讓我們時常動怒埋怨，甚至不喜歡自己。

　　第二脈輪平衡的人，能自由適度的收放情感，樂意表達自己，具有吸引人的魅力，如同綻放的蓮花，清麗高潔，溫文儒雅。萬千角色中的我們，猶如一朵蓮花，一枝長一花，每一枝都是獨一無二的。

　　鍾愛即是，欣賞自己，珍惜他人。

　　蓮花生長的池塘，就像是我們每個人在這個塵世間得生活環境。然而每一朵蓮花，無論落子在什麼樣的池塘、淤泥中，當它生長出來，始終是如此的潔淨和美麗。縱使腳下的蓮藕、根莖，盤根錯節，也不會影響它「出淤泥而不染」。

　　一朵唯美無暇的蓮花如何能夠生於淤泥不僅不染，還能把

淤泥作為成長的養分盛開於池塘呢？一個人，如何在萬千角色中不迷失自己、清晰自己的定位，而仍然能單純如蓮？像蓮花一樣吧，重新找回鍾愛的品質，學習愛、懂的愛、表達愛，鍾愛珍惜一切從自己開始。

★提示：

　　1. 先學會愛自己，關注自己情感的流動與表達。愛自己，不是名牌衣服包包，也不是自我為中心的自利自大。愛自己的正確方法是取悅自己，讓自己感到歡愉喜悅。吃的食物、用的物品，滿足身體「舒適感」。

　　2. 觀照你的情緒，別讓情緒操控你。試著問問自己，有什麼話是想說卻未說的？內心的真實需求是什麼？請接受它允許它。情緒的出現只是提醒你「你忽略了自己內心真實的想法」。

　　3. 生活中的各種不同的關係，都是養成的「淤泥」，而淤泥恰恰是生長綻放所需的養分。放下掌控和恐懼吧，不妨帶著遊戲、演戲的心去飾演每一個角色，猶如超級大腕，各種角色的切換猶如戲服穿脫，你會輕鬆自在許多。提醒自己切莫入戲太深。

★蓮花冥想：輕輕閉上眼睛，將所有的注意力放在自己的身上，緩緩吸氣，想像明亮溫暖的光通過鼻孔順著身體集中到肚臍下方的丹田處，住氣時想像光凝聚成一顆明亮的光球，緩緩吐氣時，想像這顆光球放光如同一朵蓮花盛開。讓自己反覆的練習，對於負面的情緒，有調和放鬆的作用。

★逆位：

　　與自己的身體感受斷開了，親密關係也顯示一種糾結的狀態，無法真實的做自己、表達自己。

第三脈輪：胃輪

- 主牌
- 光譜：黃色
- 符號：太陽
- 涵義：赤子
- 數字：1

太陽作為胃輪的符號，象徵著我們每個人的內在，都具備了自我發光的特質與能力，太陽是宇宙中的一顆恆星，它的光與熱能照亮並滋養萬物。地球一切生物的進化及演化，無一不仰賴太陽所提供的能量。所以我們每個人的內在，都有一個如同太陽系的小宇宙，不需要仰賴外在或他人，你可以成為一個源源不絕的發光體，讓自己擁有重新再來一次的機會，而這個能不斷啟動能量並源源不絕的關鍵，就是「赤子」的心。需要一個決定：「我願意」，讓內在的太陽發光，它能幫助你充滿勇氣，帶你告別過去，擁有新生。

你如何看待自己？你對自己的所有評價，基於什麼？以及，這是真正的你嗎？這是我們每個人需要好好思考的問題。可能你不曾真正瞭解自己，習慣把外界或旁人對你的評價、標籤搬過來用在自己的身上，慢慢活成了別人眼中的你。如果你常常這麼做，就等於把「讓自己變得更好」的主動權拱手給了他人，也等於把屬於自己的力量給了外界，忙著討好取悅別人。這就是胃輪失去平衡的現象，時常覺得力不從心、無力感，時常覺得生活找不到重心與方向，在內心時常抱怨吶喊「這不是我要的生活」。

停止這麼做吧！別忘了你是自己的主人。你有權決定自己要如何生活。因為如太陽般的能量就蘊藏在你身體的夢想宮殿——第三脈輪。無論過去多麼的破敗糟糕，我們擁有一枚強而有力的重啟鍵。只需要你決定：「我願意」、「我可以」，帶著力量，單純如赤子得宣告，便能從內在生起勇氣，帶你告別過去，擁有新生。這張主牌告訴你，要獲得重生要先放下過往，帶著一顆「赤子之心」，單純的，去迎接改變。

★提示：

1. 閉起向外看的眼睛、關起向外聽的耳朵，感受自己，盤整自己的優點、缺點、長處、短處。帶著客觀的、真實、中性的角度，重新審視自己。

2. 想要更成熟，意味著要開始學會自我承擔。哪怕是照顧好自己的身體也是個好的開始。對無法親力親為的事情，抱著祝福的心。

3. 放下評判和抱怨。

★太陽力量冥想：我可以感覺到身體，我可以看到情緒，我可以發現升起的念頭及思想。我清楚的看到這一切，我可以決定我的能量，將我的注意力放在我要的。我發出的每一個決定，我願意為之承擔與負責。所有的前提都是我愛我自己，我完全接納我自己。

★逆位：

忙忙叨叨、心力交瘁，依然感覺找不到自己的位置，茫然又自卑，所有事情都讓你力不從心。

第四脈輪：心輪

- 主牌
- 光譜：綠色
- 符號：太極
- 涵義：祝福
- 數字：1

扭轉乾坤，境隨心轉。

世間的變化是時間的造作，人的變化是心的造作。其實「變化」是萬物的常態，也是宇宙進化的常態。可渺小的我們如何在這萬千變化中看得通透一點，讓自己的節奏進退有度呢？

我們不能滿足於止步不前又毫無新意的生活；有時候希望擁有一種波瀾不驚，穩定與安全的感覺；又有時候期待能有充滿驚奇，燦爛奔放的人生。人在這樣的矛盾之中，無法平衡、人云亦云，逐漸迷失自己，因為大多數人想要得到肯定，想要滿足自己很多願望，於是不斷學習、競爭、盡一切的努力，耗所有的精力，汲汲營營，不敢停頓休息，只為了出人頭地。這些都沒有錯，但如果你能了解到我們握有扭轉乾坤的能力，那股能力能在關鍵時刻幫助你，那成功的機率必然大增。

「太極，極動而生陽，動極而靜，靜而生陰，靜極複動，一動一靜，互為其根，分陰分陽，兩儀立焉。」萬千變化的紅塵江湖裡，事與事，人與人，人與事，事與物，人與物……這一切的動與靜之間，微妙的平衡與和諧，靠的是能啟動太極平衡之力的心。人便能在其中從容淡定了，佛說：「三界無別法，唯是一

心作。心能地獄，心能天堂，心能凡夫，心能賢聖。」心即太極，境隨心轉，扭轉乾坤的並不是雙手，是那顆對萬物帶著祝福的心。心能容納萬物卻不被萬物所牽絆時，安定和平靜從內心生長，滋養自己，也滋養身邊人事物。這是太極之心發出的愛。啟動你心中太極的力量，一顆寬廣、平靜，無時無刻發出祝福頻率的心，在任何時候都都能扭轉困境，逢凶化吉。

★提示：
是時候了，要開始修鍊你的心，

1. 感受不到愛，是因為心沒有打開，能量不流動，自然也傳遞不出愛。請為一切負起全部的責任吧，這並不是說是你的「錯」，而是經由你的心念的轉變，「期待一切朝向對的方向發展吧」，讓這樣的善意在心中萌生，啟動太極的能量，外在的一切便開始為你而變化。

2. 心是一個容器，心中裝滿了對自己的愧疚、悔恨，對他人的評判、怨懟，還有空間裝下美好嗎？為自己的心做大掃除吧，原諒自己也寬恕他人，讓心清空「垃圾」，回歸清淨，重新載入祝福。

★太極力量啟動：對不起，請原諒，謝謝你，我愛你。對著內在的自己，不斷發送這四句話，一切困境便開始清理、轉化、祈禱、祝福。

★逆位：
缺少感受生活中小幸福、小美好、小確幸的能力，感到心力交瘁，不被理解。

第五脈輪：喉輪

- 主牌
- 光譜：藍色
- 符號：雲
- 涵義：變化
- 數字：1

選擇用雲的符號來代表喉輪，是因為雲變化萬千的特質，基於自由意志的權利與真實的本質，變化只是我的表達方式。

如果只聚焦在一朵雲的樣子，那你便錯失了這千千萬萬朵雲妝點出來的美麗天空之景。

雲是天空的表情和話語，你可以清楚地知道，密佈的烏雲之後將有大雨尾隨，晴朗的天空只掛著絲絲薄雲……卻很難看到或理解到，每一個情緒的背後隱藏著的真相是什麼？每一次焦慮在提醒什麼？重蹈覆轍的事件在透露什麼？

因為雲如實呈現姿態，人們便可「預知」天氣的變化。呈現我們內心世界的「雲」──喉輪，它一樣可以擁有變化萬千的表達方式。它可以為夢想發聲、可以歌唱美好、可為創意發聲、可以細訴真情、也可呵斥不公。如何向世界及他人展現自我，喉輪是一座將我們內心與外面世界連接的橋樑。

通過表達內在的真相，我們也在將不想要或不和諧的能量匯出體外。同時根據看、聽、感覺、感受所接收到的資訊，不斷調整表達的方式。使情感、想法、感覺跟外在世界調和，這個過程如同進化自我內在系統，也在反向塑造環境。通過這樣的交互作

宇宙原力：源能量覺醒卡

用，於是內在意識與外在的顯化漸漸趨向一致。這就是「心想事成」的過程。雲就像是點石成金的魔法師。

如果不能基於真實與自由意志，那麼這些可「變化」的雲，就會變成一把雙刃劍。無論是「有口難言」還是「無法閉嘴」，當假的心意在作祟，雲無論如何變化，都將導致內外失衡，讓創化的力量凝滯，也終將帶來你不想要的生活。

★提示：

1. 如果此時的生活不是你想要的樣子，請回到內在，思考自己真實的意圖和需求。看清究竟是什麼讓你無法說出真心話。然後療癒它、釋放它，再重新開始。

2. 表達真實意圖的方式即使千萬種，但請帶著愛，帶著理解與尊重，顯化於你的將不止雙倍的回饋。

3. 再繼續不斷地提升智慧吧，善用雲的力量。即使沉默不語，都是使自己與世界更和諧的方式。

★逆位：

身邊充滿了謊言、違心之事，你感覺自己困在了假象裡，感覺自己也越來越不像自己。你不願意面對過自己的真實心意。

第六脈輪：眉心輪

- 主牌
- 光譜：靛色
- 符號：金剛杵
- 涵義：超越
- 數字：1

生命維度的拓展，在於能在每個當下用心體悟，帶著金剛杵般的定見跟高維的意識，破除眼前一幕幕變化無常的景象，穿透表象，讓智慧一次次提升，一次次超越。

所有的苦難都不是一種已成定局的「結果」，相反的，苦難與困境，是智慧的種子。只是多數人已被苦難消磨殆盡，等不到智慧的種子被提煉出來。

要明白的是，造成苦難的不是外人，也不是環境，其實是我們不曾明晰的自我心魔。不管是貪、嗔、癡、慢、疑，還是潛意識裡隱藏的習氣與慣性，或是緊抓著內心的不信任、自我否定、愧疚與批判……它自陰暗的內心生出並滋長，汲取內心的恐懼為養分，在頭腦中製造問題。若此時還不能看見，還繼續陷入問題與之糾纏，便開始「被感染」，偏離愛的軌道，陷入「苦難的輪迴」。

但苦難與困境的存在，不是為了打倒你讓你對它俯首稱臣，是為了不斷的刺激你內在靈性的甦醒，為了提醒你：「你是本自俱足的存在，請驗證它」！苦難背後隱藏了智慧的種子，需要退離它營造的「輻射圈」，然後站到更高的位置從多個的角度去全觀這個「苦難」，才能窺見它的影子。接下來，要放鬆、平靜下

來，打開內在覺知，喚醒並連接眉心輪裡金剛杵的光，一次次的不斷去穿透問題表象，去理解背後的寓意與深意，參悟實相，超越每個問題、每個事件帶來的功課。體會到的那一刻，智慧的種子便被褪去「苦難」的外殼，開始萌芽。

★提示：

1. 任何困境或變故來臨時，把自己全身陷進去是一件得不償失的事情。帶著覺知的做法是：在能量上與之保持距離，看看自己內心的起伏變化，安撫好自己，使自己回到放鬆和平靜的頻率，守住自己的能量。留得青山在，不怕沒柴燒。

2. 意識的衝突和碰撞，是提醒你看到自己的邊界。而此時，唯有不斷的擴大自己的意識邊界，打開更寬廣的視角，讓心量涵容更大，更接納與允許，帶著覺知去行動。

3. 信任你內在的神性，並祈禱，與之連接。才能獲得更多的靈感。

★金剛杵超越的冥想：靜坐使自己放鬆，將注意力輕輕放在眉心輪（雙眉中心內部），緩緩吸氣吐氣，吸氣時想像明亮溫暖的白光彙聚在眉心輪，住氣時光凝聚能量，緩緩吐氣時，感覺光從眉心內部綻放開來。

★逆位：

重蹈覆轍的事件使生活陷入失序和迷霧，使你手足無措。靜心再靜心，先放鬆下來，拉回自己的覺察力，才有可能看到方向。

第七脈輪：頂輪

- 主牌
- 光譜：紫色
- 符號：轉經輪
- 涵義：觀照
- 數字：1

觀照不需要某種工具，它只要保持覺知的「臨在」。

如果說人是一個小周天，那麼宇宙大周天的智慧真理則需要通過第七脈輪的使者：「神性」這個如同手持轉經輪的高等覺者來作為連接紐帶，與我們的小周天交匯交流。

智慧真理的交匯交流，通常只是靈光一現，如不能當下被我們感受到並被運用到，錯過就錯過了，這個當下不會再回來，便沒有機會內化成我們自己的智慧。

神性在我們的內在，你也可以稱之為靈性，它為你工作的時候，是一種「不動、無懼、無念、安在」的感覺。與神性連接的動作，叫「觀照」。

觀照不需要任何工具，它只要保持覺知的「臨在」。注意力只在當下，只在自己的感知、直覺上，彷彿每一條神經的觸鬚都打開，但它們卻是完全放鬆的。更深的觀照，意味著淬鍊高度覺知，意味著靈性提升。不知不覺，你在每個當下，都自然而然進入「在」，有一種了然於心、通曉一切的明晰感與洞察力。

當在這樣的狀態時，「過去」、「未來」不再拉扯著你，小周天條條向內向外的通道都是通透通暢的，宇宙智慧真理的波

流就會順著平靜的神性紐帶進入我們的內在，內化成靈性的轉經輪，在需要的時候，它自然發出叫做「訊息」的靈感。

★提示：

1. 回歸內在。請信任我們的神性與靈性本自俱足，讓自己靜下來放鬆下來，收回向外耗散的注意力，回到內在。祈禱並與之連接，感受它、傾聽它。注意力的去處就是能量的去處。

2. 有意識的接受更高的淬鍊。行住坐臥中都帶著覺知，去觀照自己的言行舉止、起心動念。一個人內在的合一才能帶來外在和諧的顯化，才能與自然與萬物合一。

3. 順著宇宙進化的流，提升靈性，活出靈魂本來的樣子，並讓靈性的轉經輪常轉不止，使每個人小宇宙裡的智慧化作愛的波流傳遞給身邊的人與環境，帶來良好的共振效應。走在宇宙進化的「道」上，是每個人靈魂的使命。

★轉經輪冥想與提升：讓自己完全放鬆，緩緩吸氣吐氣，想像頭頂有一道光束進入，順著身體的脊柱緩緩而下，直達到第一脈輪海底輪。安住在這個狀態。

★逆位：

總是喜歡天馬行空地設想許多，過度異想天開，卻又害怕付諸實際行動。頭重腳輕、不願面對現實生活中的事情，也無力應對生活中的各種關係。

第一脈輪：海底輪

- 副牌
- 光譜：紅色
- 符號：金字塔
- 涵義：定見
- 元素：地
- 數字：2

II

定見
Definite Opinion

你是誰？你從哪裡來？你想擁有什麼？你依據什麼來看待自己和他人？你從什麼樣的角度來認識自己？你解析自己的方式是什麼？在經營我們人生的過程中，以上這些問題很重要，一段時期，就應該要停下來深度思考一下。

這張牌在告訴你：一個人的生命力，想要得到優化及延續，它便需要增加承載力、擴大涵容，使之有品質，有深度和廣度。簡而言之即優化、升級自己的「出廠設置」。

那麼，首先你需要建立一種自我認識，稱之為「定見」。它源於你對自己的生命原型的理解，找準自己的座標，才知道你的方向該往哪兒走。你的定見越客觀、中性，你越能容易找到自己的突破點。

★提示：

1. 健康：注意跟免疫力相關的身體狀況，讓飲食和作息規律些，保持好睡眠，做一些可以釋放壓力、讓自己放鬆和開心的事情吧！適當增加一些運動，活絡下半身。多接觸大自然，在公園裡快走、爬山、赤腳走在草地上，都是接引地氣的一個好方法。

練習：大地連接、蹲挺。

2. 情感：這張牌在告訴你，愛是相互的，要先尊重兩個人都是獨立的個體。能不能全然去愛一個人？首先你要先明白自己這個「個體」想要的是什麼，對自己有足夠的瞭解與信任，並願意以相同平等的態度看對方。感情的安穩與牢固是生活在柴米油鹽的點滴之中，彼此支持、包容與守護，所謂的安全感就能自然而然的產生。

3. 財運：這張牌給的提示是與地元素相關的，即安守與積累。此時適合保持現狀，守住現有的，而不是改變，儘量避免大筆的支出，節流為主而不是開源。投資方向的選擇，可以考慮固定資產如房產、地產。冒險與投機、或類似股票、證券、虛擬類的投資在此時建議要避免。

4. 人際：成熟且有涵養的呈現你的本來面貌，保持你內在的定見，而不是隨波逐流、人云亦云，如此能為你帶來志同道合的夥伴。

5. 工作／事業：切勿急躁，還需要花一點時間來讓自己沉澱下來。在工作中，清楚自己的定位，學著去承擔更多會讓你獲得更多，好好積累專業素養與經驗，是現階段最重要的事情。作為經營者、管理者的你，決策的魄力與定見尤為重要。可能外面正翻天覆地的變換，暫時以不變應萬變，守住江山，不失為一種策略。

★逆位：

生活的各個方面呈現一種「難以抉擇」、越來越被動、無能為力的狀態，不知道自己要什麼、感到沒有選擇權。也因為這樣讓你感到沒有方向和目標。

第一脈輪：海底輪

- 副牌
- 光譜：紅色
- 符號：金字塔
- 涵義：積極
- 元素：水
- 數字：3

　　生命是鮮活的，它如能像水一樣柔順，順勢而流動，那所走過的每一段路，都能使陳舊的被淨化、乾涸的被滋潤。

　　流動的水，我們稱之為活水。一個鮮活生命力的人，也要像水一樣。適者生存，順勢與變化並不是被動的，而是按著自己生命的節奏，抱著積極、主動的態度去適應、有彈性有韌度，那麼生命的可塑性才會更多，機會也能更多元。如此目標方向不變，但各種方法能掌握在自己的手中並善用，那麼生命力就會不斷被更新、獲得滋養和補充。

★提示：

　　1. 健康：人如同一個容器，當沉重的、負面的、壓力的、低頻的裝得太多，那麼那些精細的、輕盈的、純淨的、有助益健康的自然進不來。當抽到這張牌，說明你需要用水元素來療癒、淨化自己。泡浴、泡腳、喝湯，給自己一次全身心放鬆與休息的機會吧。

　　2. 情感：讓自己像水一樣柔軟、輕盈。溫柔的言語、體貼細膩的心、無微不至的照料，此刻需要如此來經營情感，不僅滋養

對方，也滋養自己。

3. 財運：金錢需要靈活運用，學習正確的態度和理財的方式來管理自己的財富，此刻很適合花一筆錢來增進自己的學識，或者上一些怡情養性的課程，把錢用在對的地方，財運會越來越好。

4. 人際關係：要經營自己的人脈，還需要你打開自己，去廣結善緣。有機會不妨多參加品質不錯的聚會、交流會、遊學、團體旅遊等等，增加與人互動的機會，適時的展現自己。好的人際關係其實也是我們一種無形的財富。

5. 工作／事業：學會與人配合、協作，能為你帶來更多的幫助和效率，學習換位思考，試著切換角色，多方位的鍛鍊提升自己，能為你創造更多的機遇。適時借力，懂得順勢而為，是一種管理的智慧。

★逆位：

生命沒有活力，能量無法流動，身體積壓太多情緒、壓力無處釋放，身邊的一切都讓你感到無法自在，獨處時容易升起負面的念頭。

第一脈輪：海底輪

- 副牌
- 光譜：紅色
- 符號：金字塔
- 涵義：極致
- 元素：火
- 數字：4

生命的珍貴之處在於每個人都是獨一無二的，每個人展現的樣貌都是專屬他自己的。

獨一無二的生命，需要我們願意極致地去展現它，淋漓盡致地綻放在每個當下，許多顧慮都是你自己給你自己的，想太多做太少，是不會讓人的生命獲得養分的。無論是什麼，只要不傷害人，不用太在乎別人的評價，能夠讓你感覺興奮、有希望和激情的，那就行動起來，去燃燒、去發光、去展現、去突破。把自己活出來吧！

★提示：

1. 健康：體寒會讓身體缺乏能量，僵硬、氣血不暢。曬太陽、跑步、泡腳、熱敷、按摩推拿是不錯的方法，可幫助增加身體熱能、驅寒活血。此時不宜吃生冷的食物，多喝有營養的熱湯提升免疫力。

2. 情感：單身的你，需要一段新感情來燃起活力，帶著一顆火熱的心去體驗愛和被愛吧，就像從來沒有受過傷一樣。而正處於感情中的你，不管是打得火熱，還是正逐漸歸於平淡，這張牌

在提醒你，並不是兩人在一起確認關係後就理所當然的不會變。保持熱情是一件不容易的事，需要雙方時不時地為它加溫或升溫，感情是需要經營的。給予對方足夠的在乎和陪伴，偶爾的浪漫，一起做喜歡的事情，時常分享，都能讓愛的火苗燃燒得更熱烈，增加幸福感喔。

3. 財運：財運此時就算正在勢頭上，也需要保持清醒，穩住步伐、留有後路是很重要且必要的，切勿不顧一切的全部投入。因為物極必反，現在你需要改為「文火慢燉」。希望財運改善的人，這裡則提示你需要行動起來，從你擅長的、喜愛的、熱愛的事情開始，靜靜待在家裡等天上掉餡餅是不切實際的。可以使用火元素的物品來增加財富能量，如紅色、明黃色、橙色等，或向南方走動，尋求機遇。

4. 人際關係：固執己見不知變通或無法聽進別人的建議，是人際關係的大忌。開朗友善，還能謙遜有禮，同時帶著情商智慧，懂得管理情緒展現熱忱，會讓你在人際交往中如魚得水。

5. 工作／事業：每個人都是自己的伯樂。不斷突破自己的格局，多學多看多思考，嘗試著去做更多、承擔更多，全方位的、有意識的鍛鍊自己，會讓你打開全新視野，上到更高的領域。在這樣的過程中，你內在更多的潛能和天賦會被挖掘出來。

★逆位：

看似很多事情都與自己沾點邊、懂得不少、管的也不少。實則沒有什麼能拿出手的。三分鐘熱度、凡事僅停留在表面，這便是一事無成最大隱患，也會耗掉你的注意力。鑽研、深入、極致的精神與態度才能為你帶來質的轉變！

第一脈輪：海底輪

- 副牌
- 光譜：紅色
- 符號：金字塔
- 涵義：轉變
- 元素：風
- 數字：5

　　無論你是否願意，生命的樣貌始終在變化在運轉。宇宙間萬事萬物絕非靜止不動。學風一樣舞動、旋轉、揚升便能不斷突破，向上提升。

　　生命是動態的，而不是一潭死水。每至轉捩點、困境和坎坷，都在提示你需要改變心態，積極去應對與嘗試。尋求突破的主動性很重要，去經驗和體悟，生命品質的轉變就在這一場場的經驗中得到昇華。

★提示：

　　1. 健康：不良的生活習慣終將會帶來身體不適的症狀，請你開始關注自己的身體。作息或飲食，都需要調整。賴宅或封閉的生活方式會讓人更加的消沉。適當增加運動，嘗試跳舞，或增加戶外活動，能讓你精力更充沛。

　　2. 情感：愛人或情侶，想要兩性間親密度的提升，不要侷限在單一的場景你儂我儂。而是在各個事件裡適時切換角色、相互配合。時而像個朋友，給予鼓勵和支援，時而像個導師站在客觀中性的位置給出中肯建議，時而變成老母親細心體貼、無微不

至。但無論是什麼樣的角色，要始終記得，情感中的兩個人是完整且獨立的個體，切勿失去自己。

3. 財運：俗話說，風水輪流轉。並沒有一成不變的事物，但事事的變化卻也有它一定的規律軌跡可循。這張牌提醒你，需要好好重新檢視一下自己的理財方式，與時俱進，學習更多的理財知識，提升自己財富的敏銳度，適當調整自己的財務規劃及投資策略。

4. 人際關係：目前要著重在「結善緣」，但人與人的喜好與秉性又不盡相同，所以我們需要學會「察言觀色」，這絕不是要虛與委蛇，而要基於「善」與「真」的出發點，面對不同的人，轉變不同待人接物的方式，更能提升人際魅力，為你增添好人緣。是「貴人」還是「小人」，有時候只是一念之差，發善心、說善語、做善事，那麼你吸引來的一定是貴人多於小人。

5. 工作／事業：工作及事業的延續，是需要每個階段調整與創新。此時的關鍵在於調整心態、轉變思路。創造力與靈感往往在你願意敞開自己的時候來到。不應只侷限在眼前，你需要清掉自己的雜念、保持開放與客觀，打開你敏銳的嗅覺，多多關注時下資訊，向成功且有經驗之人討教，搜集相關的訊息，開始做調整與改進，才能更上一層樓。

★逆位：

缺乏改變的決心與魄力，一成不變、碌碌無為的老舊模樣正在損耗自己。在不適合的位置上過度用力，其實也是對自己的折磨。需要打破僵局，嘗試點不一樣的了。

第一脈輪：海底輪

- ・副牌
- ・光譜：紅色
- ・符號：金字塔
- ・涵義：自然
- ・元素：愛
- ・數字：6

合乎自然即為道。

當生命走在「道」上，宇宙本源之流就化為愛，源源不斷滋養著我們個體的生命。那麼健康、財富這些豐盛能量也都是順應即可得到的。

如同大自然裡的植物一樣，小草有小草的姿態，大樹有大樹的風姿，花兒有花兒的色彩，而它們各自都有著自己生長的節奏、擁有自己開花結果的季節，有著獨屬於自己生命的形態、本性、特質。

宇宙賦予生命的多樣及美好，徜徉在愛的波流裡，萬物包括我們自己，都應順著各自生命的軌跡、生長的節奏而走，尊重本性本心，允許內在潛能與天賦的展現，自然而然，活出生命本來的樣子。

★提示：

1. 健康：傾聽身體、尊重身體的需求，不管是運動項目、飲食習慣還是保養方式，人云亦云採用不適合自己的方式去對待身體，將會適得其反。身體比我們智慧得多，當它生病、不舒服的

時候，只是在抗議你沒有用對的方式照顧它。

2. 情感：一份健康並且能夠相互滋養、共同成長的情感關係，應該是建立在「尊重每個人都是獨立且完整的個體」這樣的認知之上，當能夠這樣看待你的伴侶，你便能夠接納對方不同於你的表達方式，而不是試圖掌控或改變對方。給予更多的允許和尊重，你也能在對方面前展現自己原本的樣子，而不需偽裝，讓這段關係更舒服、自然。

3. 財運：每個人的福報是不一樣的，切勿過於貪和執著。要放輕鬆，時候到了，該來的總會來。當所求或需要的物質增多時，反而要涵養感恩的心，感恩才能為你吸引更多豐盛的能量，進而創造出你所期待或渴望的財富。執著或陷入恐慌，只會讓財富離你越來越遠。

4. 人際關係：做自己看似簡單，實則很難。當你能坦然在人群中得體地呈現你自己，用成熟的方式展現你內在的特質，那將是一道獨特美麗的風景。

5. 工作／事業：「謀事在人、成事在天」是這張牌給你的提示，在自己的位置上盡最大努力做好自己的事情，讓過程盡善盡美，至於結果，你需抱持一種不干涉、不預判的心態，讓它順其自然，隨順因緣。只需相信自己終會獲得你所付出與之相對應的報酬與回饋。

★逆位：

與自己的身體失去連接，也漸漸的與自己真實樣子失去連接。難以向外展示自己的真情實感，一切總是那麼格格不入。

人生三把金鑰匙：放輕鬆、看自己、不知道。

第二脈輪：臍輪

- 副牌
- 光譜：橙色
- 符號：蓮花
- 涵義：本質
- 元素：地
- 數字：2

　　人與人之間內在的精神本質是互相連動的，數不盡的能量在這隱形的互通管道之中流動、傳遞。身處大千世界，我們無法置身事外，因為我們每個人都是連接點，彼此間傳遞接收著愛恨情愁。

　　一位成功的演員他必須知道戲中的角色該做什麼事、講什麼對白。當這幕戲演完換另一個場景與劇本時，他能夠立刻切換角色。無論戲中多麼精彩，演完後都要脫下戲服，從戲中走出，回到自己、做回自己。

　　人生如戲，每個人在這人世間都同時「出演」著多樣的角色，每個角色都要傾情演繹，任何角色都不能完全代表你自己。然而，卻是這一個個的角色、一段段的劇情完整了你，成就了你。

　　在與他人建立連接之前，先回到自己，要站對站穩自己的位置，明晰自己身處何處，目前在哪個劇場，出演什麼樣的角色，融入到角色之中，如此戲裡戲外才能進退自如，在滾滾紅塵中，才能穩住，不迷失自己。

★提示：

1. 健康：需要養護好身體的性器官，比如女性的婦科、男性的泌尿系統。久坐不動對身體的下半段、坐骨神經影響很大。少食用生冷辛辣食物，並增加溫和滋補的營養品。學習瑜伽、昆達里尼是很不錯的選擇。能平衡身體陰陽能量、增加骨盆、下肢得氣血循環。

2. 情感：須知道自己在感情中的真正需求，去真誠溝通與表達，心口一致，有所行動。愛需要兩人共同用心去維護，沒有人能夠永遠單方面的付出，怨氣和不滿就是因為付出過多的一方，忽略了自己，得不到愛的滋養與回饋而內心失衡。人的本性總是越親近越容易忘記把最溫柔的一面給對方，把對方展現的優點視為理所當然，不再表達感謝或獎勵，這正是多數人的弊病。

3. 財運：學會守財是累積財富的第一步，這是目前重要的功課。不必要的消費與支出要適可而止，停不住的買買買並不會讓你獲得安全感，它只會加重匱乏。而物質的攀比會讓你陷入無止盡的財務危機。覺察自己的行為、把錢花在刀刃上。

4. 人際關係：越能真實的展現自己，你就會越自信。請你學會欣賞自己，找到自己優勢且獨特的一面，一定能為你吸引來與你同頻的人。

5. 工作／事業：變動在此時是忌諱的，你需時檢視自己的初心。你有責任讓自己在當前的領域更加精進與專業、爭取話語權。不斷磨鍊專業與技能，積累豐厚的經驗，讓自己更沉穩、更從容，當時機到來的時候你就能飛得更高。

★逆位：

總是做著別人眼中的自己，時常感到不甘心卻又說不上所以然，漸漸地你也忘了自己到底是誰、自己要什麼……

第二脈輪：臍輪

- 副牌
- 光譜：橙色
- 符號：蓮花
- 涵義：釋放
- 元素：水
- 數字：3

想要所祈願的得到回應嗎？那首先先學會像水一樣流動起來，先釋放你所有的情緒。

來到身邊的一切，都會被我們完全地接收，不管你是有意識還是無意識，主動或是被動，這所有的一切都將形成「經驗訊息」，進入我們的生命，存留在身體的記憶系統中。釋放不僅僅是將自己的內在訊息、思想、情感、情緒向外進行回饋、反應，不僅僅是與他人分享、交流。釋放的主要目的是自我淨化與自我歸整，在釋放的同時，我們向外發出了一種訊號，我們想要邀請符合自己真實需求的更多可能性，再次進入我們的生命。

就如同身體的呼吸，呼出身體裡不需要的陳舊氣體，才有空間吸入新鮮的空氣。呼與吸是生命健康安全、以及不斷成長的保障。

★提示：

1. 健康：情緒需要被看見並流動，一味的壓抑會給身體造成更多的壓力，當然，發洩情緒並不等於「流動」。首先你需要先看清自己的真實感受，並決定要怎麼表達。增加有氧運動，適當

出汗有助於代謝身體裡積壓的負能量。

2. 情感：不管關係進行到哪一步，都沒有理由去覺得「對方應該理所當然知道我在想什麼」。哪怕只是一句最簡單的「謝謝」，也請不要吝嗇表達。愛在心口難開的那個人往往比較辛苦，猜忌過多不交流變成積怨過深，不僅影響感情也影響健康。

3. 財運：守財奴的思維並不可取，適當為自己進行投資是很有必要的。不管是學習某個你感興趣的技能、專業、語言，還是美容、健身，只要能幫助你充實內在、豐富生活體驗、提升個人價值，不妨一試。如果可以，多多布施、做善事，為自己累積功德福報。

4. 人際關係：需要學會真實且得體的展現自己。真心待人，好善樂施，一定能為你帶來好人緣、積累好人脈。

5. 工作／事業：從你已擅長的方面去耕耘更能事半功倍，不要用自己的短板去挑戰他人的長項。想要讓工作效率更好，要學會與人一起協作、分享、相互成就。事業上，慎重選好搭檔，以及把人用在恰當的地方讓他們發揮各自的優勢，會讓你能夠專注於自己所負責的區域而不耗散精力。

★逆位：

情緒形成的壓力過多鎖在身體裡，很難與人良好溝通，特別是你親近的人。給人造成一種「你難以親近」的錯覺。實際上你很渴望大家都能懂你、理解你。釋放與舒緩自己內心的緊繃，對於目前的你是很重要的事情。

第二脈輪：臍輪

- 副牌
- 光譜：橙色
- 符號：蓮花
- 涵義：探索
- 元素：火
- 數字：4

　　每個人的生命，皆有著不同層次的內涵，及各種面向差異的展現方式。所以無論是自己與他人，都有著無數的未知領域，等待我們去挖掘與探索。帶著好奇與開放的心去探索，保持美好的熱情與動力，便能在探索的過程中不斷激發，帶來突破與驚喜。

　　我們每一個人都是獨立而完整的個體，但靈魂的進化與提昇，卻必然要通過與他人的親密連接來互相成就。彼此互為鏡子，互為依靠與支持，共同探索。經由探索他人而更加瞭解真實的自己，彌補缺失，進而完善與昇華自我內在。這是親密伴侶的意義。

★提示：

　　1. 健康：情緒失控跟內分泌失衡有關，當身體時常感覺疲憊、虛弱、體力不足時，需要適度調節飲食，放鬆身心，增加休息。多吃一些讓身體溫暖的食物，補充適合自己的保健品。曬太陽是一項舒適又輕鬆的好辦法。另外，跟著節奏歡快的音樂舞動起來，或伸展式的運動，可以幫助你釋放壓力。SPA、汗蒸、足

底按摩，可讓身體更通暢舒適，給自己增加幸福感。

2. 情感：真實的表達自己，並不是說可以毫不在意對方的心情和感受而隨性、隨意發洩你的情緒和感覺。應該要帶著愛與智慧，用恰當的方式表達，同時也是你自己的真實想法，這樣更能讓對方接受你的意見、讀懂你的需求。停止溝通與互動的兩個人，感情的溫度絕對會走向冷卻的。關係的確定並不意味著你不需要再對對方抱有「好奇心」了，相反，越是懂得不斷探索兩人更多的可能性，允許對方角色外的表達，越能夠昇華彼此之間的感情。

3. 財運：賺多花多，不是一件好事。要學會正確理財，財富才會增加。無節制或衝動消費，會耗損你的財運。另外可以適當進行一些能力範圍內的理財投資，但切忌野心太大、太貪心。

4. 人際關係：保持長久良好、互助互惠的人際，應該更多的是在尊重對方、理解與照顧他人的感受。恰當的去展現你的樂觀、積極、熱情的一面。

5. 工作／事業：不必過多的計較得失，不要吝嗇於奉獻自己。善用你的創造力、策劃能力、和執行力，放開的去展現自己的才華和能力，展現你的熱情與激情。真心的服務他人，服務你的客戶，能讓你在工作／事業領域大放光彩。

★逆位：

無法或不願意融入別人，知心友人寥寥無幾，感覺對自己以外的人沒有交流的欲望。高冷、傲氣或許只是你的假面具，需要自己先放下心牆與屏障，展現你的笑容，允許別人走近你的身邊，才有可能擁有他人的溫度。

第二脈輪：臍輪

V

依戀
Attachment

- 副牌
- 光譜：橙色
- 符號：蓮花
- 涵義：依戀
- 元素：風
- 數字：5

緣分如風，來去無蹤，有時候拂過臉頰，觸動神經，有時候蕩漾心田，魂縈夢牽。你擋不住它來去的步伐，也握不進手心。它卻留下喜怒哀樂、酸甜苦辣的箇中滋味。

風依戀著樹葉，樹葉依戀著樹，樹依戀著泥土……。人與人之間的依戀，是在如風一般的緣分將人拉攏後，自然而然呈現的相互依存，這一連串作用的背後，是人始終在尋求歸屬感、尋求定義、尋求認同的本性。但因緣分引動的依戀卻不會滿足人性想要的歸屬感。

關係是一盞指路燈，然而它也只是指路燈而已，所有的依戀，你能感覺得到它的存在，卻不能控制、不能命令、不能決定它的去留。緣分的起滅總是那麼的隨性、自由、又無所不在。那它的意義究竟何在？你要借著這盞指路燈，借著這股依戀的風找到自己，順著它的路徑，穿越愛恨情愁佈下的迷宮，撥開種種標籤、身分、角色的煙霧彈，只看向自己的內在。看清自己的本心和本性。這是真正的「回歸」。如同風指引蜜蜂找到花粉、帶著蒲公英落向泥土、載著飛鳥歸巢。

★提示：

1. 健康：容易造成下半身浮腫酸脹。如果常常出現自我否定的感覺，或某些事情和人容易讓你有愧疚感，你需要好好的去關注這些情緒的背後深層的含義，不要只停留在表面。此刻需經常到戶外、公園走路散步。

2. 情感：此時如果遇到了心儀的人，不妨增加相處機會以加深瞭解，並確定對方跟你有同樣想法後再進一步，如果對方態度不明確，或只想跟你曖昧不清，萬萬不要陷入模棱兩可的感情中自討苦吃。交往中或關係確定的兩個人，情到深處時不要錯把占有欲和掌控欲當做是愛的表達，這是感情繼續往前走的最大障礙，感情像流沙越是握緊雙手越流失得快。

3. 財運：這張牌提示偏財運不錯，但莫忘偏財只是一時的運氣激漲而已。仍要養成記帳以及儲蓄的習慣，對自己的收支和財務狀況清晰且管理有條是很有必要的。尤其要注意一些無形的支出，例如應酬、交際，做到心裡有數，不必總是充大頭。

4. 人際關係：學會跟不同的人打交道、相處，也從不同的人身上學習經驗，這會讓你無形中不僅學會識人之道，也能不斷拓展你的視野、拓展人脈。所以，放輕鬆的去交朋友吧，多多與人交流互動。

5. 工作／事業：要保持一種高度視野，雖然外在形勢多變，要通曉身邊的事情和局勢，更要穩住心性做好自己該做的事。

★逆位：

越想抓取什麼，越是失去得快，對掌控他人的過度執著會讓你陷入關係的僵局。解鎖的唯一要訣只有：允許並尊重他人。

第二脈輪：臍輪

- 副牌
- 光譜：橙色
- 符號：蓮花
- 涵義：單獨
- 元素：愛
- 數字：6

　　拿掉所有的標籤，放下所有的人格面具，走出所有場景的角色，你會發現你並不是任何被賦予了千百種意義的「你」，你只是你自己：單獨的、完整的、歸零的、圓滿的。你只是一種存在，這種存在就是愛本身。

　　我們從自身發出一條條的「線」，與無數人建立起縱橫交錯的網，這種連接無論或親或疏、或遠或近、或深或淺，都要我們在這過程中，不斷練習「發出愛」與「接受愛」，不斷嘗試多角度多維度地探索自己、認識自己。

　　要能褪去標籤、身分、角色、人格面具，讓一切歸零，回到和諧、平靜、單純的內在，這是一種單獨的一來一往，在這一次次的來往之間，漸漸褪去恐懼和抓取，每一次的「去」與「歸」都是修鍊與昇華，單獨是人的本來面貌，是完整自我的唯一風景。

★提示：

　　1. 健康：避免暴飲暴食，試著去看看背後是什麼在耍脾氣吧。不妨給自己放個小假，來一次說走就走、獨屬自己的旅行。

宇宙原力：源能量覺醒卡

要有自己獨處的空間，用以靜思、放空、發呆。瑜伽、普拉提，既能舒緩心情又能使身體健康。

2. 財運：如果你的財務結構是健康的，不妨保持收支平衡，穩健投資。如果此時需要改善財務狀況，不妨相信的直覺，做自己想做的事。在自己擅長的領域努力，不要做需要過多依賴他人的工作。

3. 情感：當對「被需要」有一種深深的執著，你要開始警醒，在親密關係中，這不是愛的表現，恰恰是一種匱乏和恐懼，是一種借由被對方需要而證明自己是被愛的、是有價值的。一個忘記了自己的人如何還能感受得到愛呢。愛別人之前首先要先愛自己，在自己邊界內做好自己的本分，也允許對方自然的展現自己，彼此間愛的流動才會穩定長久。

4. 人際關係：不管身處何處，多多尊重對方是獨立且完整的個體，允許別人用他自己的方式展現，並對他們報以欣賞與肯定，當你這麼做的時候，你正在用愛的方式為你吸引來許多的善緣。

5. 工作／事業：需要你獨當一面的時候，切勿退縮，在你自己的位置更精進更鑽研，能讓你在行業裡走得更遠。作為一個企業的管理者，需要帶著全域思維、為企業以及員工長遠利益出發，肩負起一個領導者的責任。

★逆位：
別人的喜好決定著你的喜好，特別是你最親近的人，失去自己的感受。習慣依賴他人來做判斷或拿主意。

第三脈輪：胃輪

- 副牌
- 光譜：黃色
- 符號：太陽
- 涵義：守護
- 元素：地
- 數字：2

當一個人感覺到足夠安全、精神力飽足時，不會畏懼害怕去冒險和探索未知。欠缺安全感的人總是充滿擔憂，不斷地向外索求愛，抓取物質。然而這份使自己感覺安全安定的力量，只有你能夠給予自己。

一顆種子落入土壤裡，它不能著急的冒芽，它要踏踏實實的待在土裡，接受土地、水、自然界的滋養，待成熟時才能衝破阻礙，一路成長。大自然教會所有的物種同樣的成長之道，但人時常忘記最重要的第一步：守護自己。

這世上沒有人比你更有權利和責任愛自己了，你是自己的主人，是為自己負責的人。對自己承擔起百分百的責任，意味著，在運用身體、心靈、精神來處理事情時，你清楚知道如何分配出足夠的能量、力量。而決定分配權的人，只能是你自己。外在世界的樣貌反映著你內在世界的樣貌，藉由外在世界所呈現的，你可以知道你有沒有處理好跟自己的關係，你有沒有做好自己的主人。

所以，不管你是否在創造、挑戰或征服種種考驗，也不管你正展現什麼樣的特質、面貌，這些向外表現、施展的種種，都源

於自己內在的「源能量」，你是自己源能量的守護者、規劃者。如果不能守護好源能量使之和諧平衡，它便無法妥善被運用，無法被轉換為應對各項事務的意志力和注意力。

★提示：

1. 身體：容易腸胃不適、消化不良，甚至上火、莫名煩躁。提醒你這些沒有被看到的矛盾衝突直接給身體消化系統造成壓力。做做深呼吸，讓自己放鬆下來，給自己一個安靜的空間待一待。

2. 情感：在感情中忠於「自我」，並不是只在乎自己的需求，一份感情的意義，是要學習讓獨立的兩個人成為一個更大的整體，用1+1大於2的力量去面對生活更多的未知。所以做好自己之時，還要給予對方力量，守護對方，陪伴對方成為他自己。

3. 財運：需要有一筆可應對突發狀況的現金在手，你會感覺更踏實和安定。儲蓄型的理財更適合你，可以考慮固定資產的投資，例如房產、設備、土地、商鋪等。

4. 人際關係：在熟人圈和固定的人際圈裡你會比較自在和享受。可通過自己的工作夥伴、親戚、朋友，參加他們組建的活動、派對、讀書會、培訓課程等，你會有機會認識到新的貴人。

5. 工作／事業：創業容易守業難，很多人敗在了一個「守」字。但這個「守」意味著堅持與扎根。用自己擅長的能力，專注且精準的努力，很多困難都會迎刃而解。

★逆位：

沒有把力氣、注意力放在對的方向上，失去安守當下的耐心和定力，無法踏實做你該做的事情。

第三脈輪：胃輪

- 副牌
- 光譜：黃色
- 符號：太陽
- 涵義：滋養
- 元素：水
- 數字：3

你有多接納，你的容量便有多大。你有多欣賞自己，便能挖掘多大的潛能來突破自己。先向內滋養自己，滿溢的能量才能自然而然滋養他人。

接納與自我欣賞，能轉化為滋養的力量。

而中性與客觀是能夠進入真實接納與真實自我欣賞之頻率的媒介。

任何來到你面前的境遇、人事物，其本質是為了形成一個對鏡、參照物來幫助你看清自己、認識更真實的自己。如同花草樹木接受陽光、雨水的同時，也要經受風雨雷電、乾旱鳥蟲的淬鍊。換排斥逃避為主動接納、換批判為欣賞、換否定為肯定……用更高的覺知，站在更高的角度，全然打開自己，一切外境的酸甜苦辣都會化為甘露般的能量向內滋養。得到滋養後，內在力量才能不斷更新與強化。

★提示：

1. 健康：需要養護好自己的肝臟和腎臟。失眠、睡眠紊亂、精神不濟、容易疲倦、煩躁易怒，都是肝臟和腎臟運行不佳的反

應，要避免惡性循環，先調整生活作息，飲食清淡，保證飲水量，同時適當做運動排汗，睡前泡腳是不錯的辦法。

2. 情感：在一段關係裡，不管你是什麼出發點，感情從來不是一個人的事情。過於自我為中心時，再深厚的感情基礎也會漸漸失去平衡。要想從其間獲得你想要的，不能只等著別人自導自演。要像打太極一樣，你來我往，要適時回應給對方關懷和體貼。所以，彼此間的尊重與欣賞、理解和包容，是感情的滋養。

3. 財運：這張牌提醒你，善待金錢，金錢才會善待你。把錢花在對的地方，提升自己、使自己增值。

4. 人際關係：像水一樣帶著善意、柔順平和地待人。放下挑剔的心，時常面帶微笑，對人說善言，發自真心的讚賞別人，比做什麼都能更快的為你帶來好人緣。

5. 工作／事業：要想得到回饋，需要發自內心的熱情、熱愛，這樣你才能保持動力。「愛一行做一行」是大前提。這股滋養工作的熱情來自於你願意挑戰自己、挖掘自己的潛能、不斷更新自己的能力、調整心態，讓自己更好、更優。

★逆位：

陷入自我否定、自我懷疑中，引發了內在更深的自卑，凡事都習慣往差的一面設想。感覺自己力量渺小、緊縮不敢前行。

第三脈輪：胃輪

- 副牌
- 光譜：黃色
- 符號：太陽
- 涵義：挑戰
- 元素：火
- 數字：4

　　一個勇士如果不瞭解自己的力量何在，他不能稱之為勇士。一個勇士如果只面對同一水準的對手，他的能力也只會保持在這一等級。唯有不斷地去見識更強大的對手，一次次挑戰自己力量的極限、衝破格局的邊界、淬鍊內在的承受力，再一次次地突破、跨越、推倒重建，他才會晉級、壯大。

　　這些能夠幫自己升級的「對手」，指的並不是你學業或事業上的競爭對手，不是你的同事、戀人愛人，更不是你的父母姐妹。而是任何來到自己面前的事情，都可視為訓練自己的「對手」。親情、友情、愛情、工作、事業，哪怕只是極簡單的獨處，都可以是一次突破自己的機會，用來升級我們自己的見識、格局、經歷、心性。

　　力量是從你願意面對與直視自己內心的那一刻而生起。

★提示：

　　1. 健康：注意調整自己抑鬱、鬱悶的情緒，看看問題出在了哪兒。一味地壓抑自己的心情，最大的受害者是身體。可以嘗試把所有不愉快的事情寫在紙上，不斷的寫，直到寫不出什麼為

止，然後用橡皮擦一邊擦拭每一句，一邊默念「對不起，請原諒，謝謝你，我愛你。」直到心情能夠平靜、輕鬆。

2. 情感：關係初期，對這份感情有不明朗的感覺，可以試著主動些，增加兩人相處的機會。把心意憋在心裡讓別人去猜會造成很多不必要的誤會，建議直接坦白的交流，讓對方清楚你想要的是什麼樣的關係。已長久交往的你，或許會讓人漸漸失去分寸，屢屢想要挑戰對方的界限以證明是不是還愛你，這並不是件明智的事情。

3. 財運：最近財運不錯，投資會有回報。不管是正財還是偏財，需穩住自己的陣腳。另外，要警惕詐騙，多一分清醒則少一分風險。

4. 人際關係：在正式的、重要的場合時，要注意保持淡定從容，理性客觀、不卑不亢的態度，這能讓你既顯得專業又進退合宜。

5. 工作／事業：要有自己的主見和判斷力。無論做什麼，要從自己的喜好為出發。好好運用你的多才多藝，在工作的各個方面多展現才華比如口才、公關的能力、藝術靈感等等。遇到事情，特別是瓶頸期時，需要沉得住氣，冷靜下來，切勿焦躁而做出不當決定，凡事多考慮全域，三思而後行，聽取他人的意見。

★逆位：

缺乏持久的行動力和自我突破的勇氣，總是停留在表面、點到為止。不能夠深入和精進，收穫差強人意。

第三脈輪：胃輪

- 副牌
- 光譜：黃色
- 符號：太陽
- 涵義：任意
- 元素：風
- 數字：5

任意是一種高度的、自由支配自己，以及決定自己內在力量如何使用的精神力。

「你是自由的！」這句話意味著你完全有權利決定自己是繼續讓過往牽絆不得動彈，還是掙脫枷鎖奮力向前，還是原地不動任隨命運擺佈……，你要做哪一個決定，你都是自由的、是有權利的。

但是，任意絕不是妄為，也不會妄為。相反的，任意的境界建立在以真實為前提的自我瞭解、可為與可不為的判斷力及魄力的這些條件上，即知己並善用己。既能夠理性客觀的認知自己，又能夠靈活性的展現自己。這其中的度與分寸的拿捏，是一種帶著高度覺知的任意。這是一種明晰自己內在並隨順自己內在的智慧。任意是一種智慧展現、一種精神力自由調控的覺知。你不會為之所控、不會恐懼、不會緊張，它就是那麼自然而然的被信手拈來。不因外人而改變，更不被過往與未知束縛，輕柔或剛猛，短促或持久，盡在你的掌握之中。

★提示：

1. 健康：消化不良、食欲不佳、胃痛、脹氣，這些小毛病千萬不能忽視，要儘快調理好。季節更替時容易過敏或肝火旺盛、睡眠不佳，可以試著調整自己的作息和飲食，清淡溫和，不食葷腥油炸，讓身體負擔減輕。腰背容易緊繃酸痛，是壓力過大，或姿勢不當，做一些有氧運動、瑜伽，讓身體筋骨更舒展柔韌些，增加排汗，提高身體的代謝。

2. 情感：熱戀中的人容易變得神經兮兮，敏感又情緒化，需要給彼此一些獨處的機會，恢復清醒和理智。如果感覺兩人之間過於平淡無趣，不妨變著法子製造一些浪漫和驚喜，增添情趣。

3. 財運：局勢變化多端的情況下，賺錢方式需適度調整。高回報的投資必定伴隨著高風險，可以做一些不同以往的投資，在做足功課的前提下並衡量自己抗風險的能力，量力而為。

4. 人際關係：展現自己優雅、灑脫的一面，不用在乎別人對你的態度，你會吸引更多欣賞你的朋友、尊重隨順各種聚會的安排。記得對他人也報以更多的欣賞，深入地去看每個人展現的閃光點，也允許別人與你的差異，你會贏得更穩定的人際關係。

5. 工作／事業：需多一些靈活、懂得變通的能力。多多向別人學習，莫固守在自己的小範圍裡。學會對各種局勢保持敏銳度，隨時靈活應變，要迅速做出相應決策，對於自己的事業能夠順利發展是很重要的。

★逆位：

做事束手束腳、有才華也施展不開，內心不夠自信。不瞭解自己的長板與短板，就容易力氣用錯方向。

第三脈輪：胃輪

- 副牌
- 光譜：黃色
- 符號：太陽
- 涵義：祈禱
- 元素：愛
- 數字：6

　　對自己今日所擁有的種種報以全然的感恩，並敞開心懷完全接納此刻的狀態。當你持續這麼做的時候，你正在為自己而祈禱，這祈禱的力量能為你所期許的美好未來給予強大的加持。

　　每個人的內在力量從「懂得自己」開始被重新喚醒，由「真心愛自己、欣賞自己」而被滋養，再由推己及人的「愛他人愛世界和愛萬物」而被昇華。

　　在心裡發出「我決定」的承諾，可以開啟回歸自我的力量，這一個神奇的口訣可以讓你召喚渙散在外界的能量。放下所有的比較、掂量以及評判，再拿出些許的勇氣遮罩掉來自他人的干擾，留出哪怕只有片刻的寧靜與空白，單純的看著自己最真實最原本的樣子。為自己發出肯定與祝福，內在力量因這樣的祈禱而統和，並漸漸凝聚，越真誠越強大。

★提示：

　　1. 健康：說話過多耗氣、思慮過多傷神，保持健康是要懂得自我調劑，讓身體平衡。最近多一些獨處的時間給自己，讓身體

和心徹底來一次休養生息是最好不過的。看書、發呆、靜坐冥想、聽輕音樂⋯⋯越簡單越好。

2. 情感：這張牌的出現，可以看出兩人的感情是融洽的。彼此間愛意滿滿，默契十足，並且都願意為對方著想。兩人在一起，即使不說話也很自然和舒服，可以輕鬆的在對方面前展現自己。自己輕鬆也允許對方輕鬆，方能長久共度。

3. 財運：在財富方面可能你不會有太多的欲望，覺得夠用即可。收入也處於平穩狀態，繼續保持穩定、有結餘是最好的。無論做出了什麼樣的投資，保持平常心。只要穩健規劃，是可以讓自己生活不虞匱乏的。

4. 人際關係：謙恭和順、耐心又有教養的你在人際圈中是很受大家尊重的，當朋友們遇到各種問題和煩惱時，都非常樂意向你傾訴，時常能夠給他人中肯、客觀的建議，讓人感覺很可靠安心。別忘了適時的給自己留些自由呼吸的空間。

5. 工作／事業：讓自己能夠盡情發光發熱的前提是進入一份自己剛好很喜歡、且發展前景不錯的工作事業。不要計較一時的得失，要把目光放長遠，堅定你的目標。把你的才華淋漓盡致的展現出來，在過程中不斷去探索自己更多的可能性，突破它，你獲得的將遠遠大於薪資表上的數字。

★逆位：

陷入無明怒火和怨氣爆滿的自我衝突中，不滿自己也不滿身邊的一切。忘記了對自己所擁有的一切感恩，也就漸漸斷開了與幸福和喜悅的連接。

第四脈輪：心輪

- 副牌
- 光譜：綠色
- 符號：太極
- 涵義：收穫
- 元素：地
- 數字：2

大地豐饒，萬物生成。

大地用自己內在肥沃的養分，無條件地孕育、滋養著一切生物，這是她對萬物生靈的愛。當我們能學習大地之愛，用我們內在本自俱足的能量滋養身邊的人、事、物，我們也將如同大地一樣收穫源源不斷的生機，收穫豐盛富足。

無緣大慈，同體大悲。我們在形體上雖是各個獨立的，但一呼一吸都與世間萬物、與整個宇宙息息相關。生命的本質是一體的，我們與萬物共存，是為了彼此體驗愛、分享愛、擴展愛、昇華愛。

所有生命的本質源自於愛，愛能夠源源不斷，在於與自己、與他人、與萬物不斷發送、接收、傳遞愛的頻率。接收到愛之頻率的人、事、物，在被滋養的那一刻共振了愛。愛就是這樣不斷分享、傳遞，而複次複倍的遞增、擴大、共振。

仁人愛物之心，是從獨立的自己出發，學會理解與愛自己之後，再將自己內在飽足的愛自然滿溢分享給父母、戀人愛人、夥伴，到無分別的他人、他物，到一花一草一樹，如同大地滋養萬物一般，這份愛越是純粹無分別，越是自然和諧、無為而為，回

流而來的收穫就越豐盛富饒。

★提示：

　　1. 健康：心臟、骨骼、背部需要小心呵護。新鮮的空氣、陽光可以給它們放鬆感。時常舒展胸背，讓肩膀和後背的疲勞緊繃得到緩解。做做瑜伽、普拉提、舞蹈這類的運動。多食優質蛋白、果蔬，滋潤肺部的食品。

　　2. 情感：對於情感，提示著一種穩定、溫和、舒心的狀態。兩人都喜歡實實在在的為對方做點什麼，哪怕是一頓早餐、接送上下班，按著自己的心意做就好。可以培養共同的愛好，也可以計畫一個共同目標，不僅能讓親密感更進一步，也是增加信任與默契的好辦法。

　　3. 財運：正財方面的能量飽足、穩定。需要繼續專注，將更多精力時間花在上面，一定能獲得豐厚的回報。

　　4. 人際關係：你會因自己靠譜、踏實，且願意為人著想的特質而帶來很好的人緣。保持一顆溫暖的心，你便能讓自己的人際圈保持正向、和諧。

　　5. 工作／事業：不要陷入日復一日的重複動作中。需要停下來靜下心，檢視自己的初心、初衷。偏離軌道要及時拉回來。職場是實實在在能夠不斷修鍊自己的地方，帶著更高的使命感來看待自己的工作，帶著一種樂於服務他人的精神去做事，你會發現自己的價值感也在不斷提升。

★逆位：

　　心量和眼界過於侷限，太過計較一時的收穫、只看眼前利益。「但行好事、莫問前程」是你此時需要學習的境界。

第四脈輪：心輪

- 副牌
- 光譜：綠色
- 符號：太極
- 涵義：因緣
- 元素：水
- 數字：3

　　如果你能理解到「生命存在」這件事的本身即是愛、每個人的存在即是愛，你便能全然接納並感恩生命旅程中你與任何人、事、物的種種際遇，它們是一段又一段帶你體驗愛的因緣。

　　因緣在哪兒，便將自己最極致的真善美帶到哪兒，如同上善之水，潤澤萬物卻不爭，海納百川卻無形。讓自己內在的愛滋養著與自己有關的一切，隨順因緣變換著姿態，自然而然地順勢流動，卻不被它們所牽絆和制約。

　　愛出者愛返，福往者福來。太極之心是一個雙向通道，將每個人的小周天連接在一起，也將小周天與大周天連接在一起。愛發出的同時，太極之心也被回流的愛與祝福滋潤著、洗滌著，變得純淨、豐盈，獲得平靜。一顆純淨，流動著愛的心，會吸引源源不斷的善因緣來到你的身邊。

　　帶著感恩，珍視所有的因緣吧。把它們看做一次次揚升生命之源的練習。越是交托與信任，越是極致的流動內在的愛，你越能深刻品嘗到生命的無限寬廣和飽滿。

★提示：

1. 健康：清淡且營養的飲食，能預防血管以及肝臟方面的疾病。遵循身體的節奏，保持心情平靜，放下不必要的掛礙，會越來越年輕有活力。培養一些愛好，或是一趟旅遊，都有利於自己的身心平衡。時常泡浴、溫泉、足療。

2. 情感：過度犧牲自我以換得對方的關注，會讓感情失衡。建議真誠的說出自己的需要、多多分享內在的感受，讓對方知道你在想什麼。同時也耐心傾聽對方的心聲，那麼兩人之間的默契將會與日俱增。

3. 財運：你的財運跟人緣、人際有很大的關係。所以，經營好你的人際，便能為你帶來好財運。散漫、隨緣的態度會讓你的錢財無端流失，需要認真做好財務規劃，把錢財用有價資產上。與人為善、多做善事、布施，能為你積累福報。

4. 人際關係：一味的爛好人、犧牲型的作法並不能留住對你真正有利的人脈，反而還會吸引對你別有企圖之人。請大膽的做自己，展現你的真性情、誠意，溫和謙遜，保持著該有的界限，那麼你的身邊會漸漸出現與你有共同志趣、共同話題的人。

5. 工作／事業：這張牌暗含著「波動」之意，心裡不篤定、想法很多拿不定主意，無法專注的感覺。停下來檢視自己，被什麼影響了？在內心首先要有一個自己最想要的目標，你的強項與特質才能為你所用，注意不要被外在影響而飄忽不定、隨波逐流。

★逆位：

抗拒與外在世界互動、把自己關在自己的小圈子小世界裡，漸漸的也會接收不到他人的善意與愛。

第四脈輪：心輪

IV

呼吸
Breathe

- 副牌
- 光譜：綠色
- 符號：太極
- 涵義：呼吸
- 元素：火
- 數字：4

　　境隨心轉、扭轉乾坤、突破成長的可能性，就存在於心識寂靜、極純，一呼一吸的轉念間。

　　當一個人，能夠從最平常的一呼一吸中，感受到愛，領悟到「當下存在的生命本身就是一種恩典」時，那麼，所有身外圍繞、遭遇的一切，就會開始轉變、蛻變。極壞極難之事的正在降低惡化程度、平和之事更加安穩、細微的好慢慢擴大、好的部分會越來越多……

　　太極之心的愛力，不是一種蠻力。它如此簡單，在一呼一吸之間。在細微平常之處感受到愛時，它就開始滋長，簡單的幸福都能由衷感恩時，它開始蔓延。坦然接納過往與當下時，愛會不斷自我純淨、並淨化所有一切。因領悟自己生命的種種體驗而超越所有恐懼，放下無畏的執著，由己向外無限擴展。大道至簡。

★提示：

　　1. 健康：呼吸道和肺部需要注意，遠離香煙為好。肝火過盛而躁鬱，首先從生活作息和睡眠去調整。學會自我放鬆和情緒調適是很有必要的。到戶外去慢跑、游泳、騎自行車、郊外遠足，

都是對心肺很好的項目。

2. 情感：這世上沒有完美的另一半，需要放下自己心中那些對別人的「完美要求」，掌控和凡事只以自己的標準而行，只會讓對方想要逃跑。多一些包容和允許，允許對方用自己感到自在的方式展現他／她的愛。去探尋兩人共同熱愛的事情，默契足，彼此間的感情才會融洽。

3. 財運：財運最近有好轉跡象，但往往容易讓人得意忘形而衝動消費，需時時提醒自己不要賺得多花得更多。可以利用些「強制性措施」讓自己養成儲蓄習慣。利用閒暇時間多學習財經知識，建立正確的金錢觀念，瞭解目前的經濟形勢，無論想要做什麼投資，心中有數才不會走冤枉路。

4. 人際關係：無論面對什麼樣的社交群體，保持自然、自信、熱情積極且言行得體，你一定能為自己吸引來對自己非常有幫助的好人緣。

5. 工作／事業：無論何時何地，切勿忘記自己的初心。越是面臨轉變、變動的局面，越是要保持你的定力、耐心以及你的決心。真金不怕火煉，關鍵時刻不要膽怯，拿出你的魄力和行動力。

★逆位：

困在過往過去的自我模式中無法跳脫，也就無法感受到當下的美好，捕捉不到當下可以帶你轉變的契機。把注意力拉回來，把心靜下來，關注當下。

第四脈輪：心輪

- 副牌
- 光譜：綠色
- 符號：太極
- 涵義：陪伴
- 元素：風
- 數字：5

　　愛到自如便如風，意味著全然信任與放手。不糾結、不抓取、更不控制。即使只是靜靜的看著、陪伴著、傾聽著，都是愛。

　　愛不是一個名詞，也不是一種靜止的狀態。是一連串的帶著療癒、淨化、昇華與滋養能量的波流。無論言語、動作，還是心念，發出與接收，都很純粹、無分別，輕鬆無罣礙。

　　太極之心，一端連接著浩瀚宇宙源頭豐盛富足、健康與療癒的無窮愛力，一端連接著我們生命個體本源之愛。當我們允許太極之心打開，宇宙之愛與生命個體本源之愛中間的通路也隨即打開，在每個當下，讓心去感受和體驗，會發覺身旁有許多有聲或無聲的陪伴者，而最重要的是帶著愛與自己在一起。

　　太極之心的信任與放手，基於對「人人內在皆有本源力量、人人皆可自救與自癒」的深刻理解之後，對自己，更是對他人、對萬事萬物的同理與共情，並能自在、輕鬆地展現出來。這份展現無需拘泥任何形式或套路，它只是遵循當下的真情實意，沒有期待也沒有要求，平和而自然，卻使人如沐春風。

★提示：

1. 健康：呼吸道和心肺功能需要好好呵護。注意自己的精神狀態是否受氣血不足所影響。日常上先從飲食和睡眠調整，用精油按摩胸背部，舒緩壓力。避免過度劇烈的運動，改為慢走、瑜伽，學習太極，練習調息。多接觸大自然，呼吸新鮮空氣，光腳在草地上走一走接接地氣，都是不錯的方式。

2. 情感：此時兩人的關係處於注重精神層次交流的狀態，雙方會更在意兩人之間心靈上的默契與共鳴。對方不願意聽你嘮叨、不喜歡交流柴米油鹽的瑣事，並不是不愛你或冷落你，建議放輕鬆去感受對方。

3. 財運：不管什麼樣的投資，風險與收益是並存的，市場與經濟是隨時變動的，切忌盲目跟風，多學習瞭解專業知識和理性分析，不能所有雞蛋都放在一個籃子裡。

4. 人際關係：君子之交淡如水，很適用於現在的你。知交好友在精不在多，只要自己自在開心，無需太在意他人的眼光。

5. 工作／事業：享受全然投入努力的過程，比等待結果更讓人真切的體會到自己的價值。當你在做的過程中，你是心甘情願的、是享受的、是沒有雜念的，那麼你期待的那個結果一定會如期而至。

★逆位：

陷入想給予他人關懷而又介意周遭看法眼光的尷尬，內心的愛不能自然流露。真正的大愛之人，只是做他真心想做而不去計較回報與評判。

第四脈輪：心輪

- 副牌
- 光譜：綠色
- 符號：太極
- 涵義：自由
- 元素：愛
- 數字：6

渴望自由是每一個人的天性，自由是心的本質，是所有能量流動的支撐，自由是靈魂成長的養分。無論是尊重他人的自由、還是善用自己自由的權利做出選擇並承擔結果，都需要極大的勇氣和智慧來支撐。但當你能夠自然的這麼做的時候，你便是愛的本身了。

當我們能夠瞭解心的智慧毫無邊界，無限寬廣，並信任它的時候，它會帶你體驗你內在最深的喜悅。它所擁有的創造力，從不受限於時間與空間，無處不至、無所不能。這便是心的自由本質與本能。

人的肉身如此珍貴又如此脆弱，卻能擁有一顆無所不能的自由的太極之心，這是造物者對人最大的愛。它想讓你時刻記著，無論曾經歷什麼、遭遇什麼，你永遠擁有選擇權。只要啟動太極之心，你可以重新回歸平靜與安詳。正如《心經》所言：「心無罣礙，無罣礙故，無有恐怖，遠離顛倒夢想，究竟涅盤。」越平靜安詳，你便能清晰的聽到內在的聲音，明白自己的心，探究到最真實的自我本性。最後獲得你最需要的啟示和答案。

★提示：

1. 健康：注意心肺和乳腺的問題。無法排解的內在憂慮時會感到胸悶，肩背緊繃。建議多食新鮮綠葉蔬菜和水果，使用精油按摩後背，或做精油擴香香熏，可舒緩情緒、放鬆心情。多給自己一些放空和獨處的時間，靜坐、冥想。有機會多接觸大自然，特別是負離子、氧含量高的樹林。

2. 情感：放下自己作為愛人、戀人的角色，嘗試用普通朋友的模式去溝通交流。你會發現兩人之間的互動會有更多豐富的層次。允許自己以及對方角色以外的表達，這種允許和理解，能更加擴大彼此的情感的邊界。

3. 財運：在財運上總體是不錯的，因為對金錢不吝嗇的心態，願意付出和給予，並且能因此感到快樂，這無形中為你帶來很多財運的回報。

4. 人際關係：隨性、隨和的你頗受大家的喜歡，加上很樂於分享，人氣很高。當你能夠帶著一種欣賞的心態面對所有來到你面前的人，你會發現他們也更願意打開自己的心扉與你相處。

5. 工作／事業：如果工作／事業與你自己內在的願景貼合，請全然給出你的積極、自信與熱情，以及專業能力，越是全力以赴、全心投入，你越能激發自己內在潛能，從而幫助自己早日實現夢想。

★逆位：

心不自由，身邊的一切也就變得枷鎖重重。自己把自己捆綁、設限了。

第五脈輪：喉輪

- 副牌
- 光譜：藍色
- 符號：雲
- 涵義：信任
- 元素：地
- 數字：2

　　每個人內心持久的安定與平靜，需要一個信念來提供這份力量，這個心靈的依靠，來自於對「真相」的信仰。真相，就是事情的本來面目，讓一切呈現本該有的樣子，包括自己的身體、內心、精神與靈魂。不要一開始就設定各種評判和見解。「信任」是自我世界與外面信任連接最重要的紐帶。

　　萬物的真相本質，是單純的、中性的，無雜質，無恐懼和不安。如同大地母親，不管是戈壁淺灘、山川黃土還是肥沃原野……它可以有種種外在樣貌，但它最本真的樣子，就是孕育生命、給予安身之庇護、承載希望以及守護的能量，它無差別的自然展現它的樣貌。

　　當真相得以自然呈現出來，我們才能夠看見，並進一步領悟其中的意義，感受真善美的世界。人因為美感，身心內外得到滋養，因而進入自己內在的真實本質，而發覺到自我內在的美，於是從內滋長自愛與自信。這才是外在任何負面否定都無法影響與撼動的自信力。

　　知道自己能力所在、明瞭自己的心，用正確的方式，表達、

呈現自己的「真」。因為所有的「美」，只在「真」裡頭能夠被看到。

★提示：

　　1. 健康：要重點呵護支氣管、甲狀腺以及頸椎。頸椎勞損多是習慣性動作造成，注意自己的慣常姿勢，保暖頸部。甲狀腺需要從自己的情緒及飲食來調控。

　　2. 情感：在情感中，你們正處於一種踏實的狀態，沒有伴侶的人，也能安處單身的狀態而不受他人影響。知道自己要什麼和知道自己能做什麼，是活得自在的前提。每個人在情感中都有自己的需求，坦誠、真實且平和地溝通，也給予對方同樣的機會，信任的建立基於向對方展現真實的自己。

　　3. 財運：你對於投資理財有一定的經驗，懂得分析與規劃自己的金錢，這是保持財運良好運轉的基礎。如能挖掘並嘗試例如演講、教學培訓，建立個人品牌效應，會帶給你更多的財運拓展機會。

　　4. 人際關係：能言善辯是一種才能，但偶爾給他人多說一些，學會耐心傾聽，這會為你帶來更好的人際善緣哦。

　　5. 工作／事業：埋頭苦幹的同時要回過神來審視一下，是否應該先做好與人的溝通，而不是自己一路往前衝。團隊與合作夥伴的信任基礎至關重要。

★逆位：

　　自卑與不自信之感時常隱隱作祟，讓你對來到面前的事情不敢大膽說要。覺得容易被出賣或捨棄。

第五脈輪：喉輪

- 副牌
- 光譜：藍色
- 符號：雲
- 涵義：交流
- 元素：水
- 數字：3

　　時刻檢視自己即將出口的每一句話，它潛藏著你內在最真實的意圖與想法，特別是內在的喃喃自語。將每一次的表達視為演奏一曲樂章的機會，願你成為愛的發言人。因為愛出者愛返。

　　我們與外在世界無法分割，溝通是讓生活順暢運作的重要法則。無論是身體、心識、靈性，內在或外面的世界，都涵蓋在溝通的網絡之中。人需要通過交流來與世界互動。從內向外，發出的訊息，傳遞情感，從外向內，獲取回饋，來重塑自我。

　　所以每個人既是一部發射器也是接收器。你可以因人而異，變化著你的語氣、語調、語境、語言。即使沉默無聲，你內心「想說的話」也會透過眼神、心意、舉止，默默的向外發送著。人無時無刻地在向外面世界表達著自己的感受、情緒、需求、靈感……。人要想能夠與外在和諧，請時刻檢視自己每一次輸出的表達，發自真心嗎？來自真情實感嗎？此時應該說嗎？帶著愛嗎？極致真誠將創化無限可能。

★提示：

　　1. 健康：需要注意牙齒、口腔與喉嚨。積累太多壓力、過度透支身體時，容易引起牙周牙齦的問題，或口舌潰瘍。過多的說話也會耗散精氣、咽喉不適。多喝溫水、補充果蔬和清淡飲食。

　　2. 情感：有時候人相處越久越不敢表達真實情感與想法，其實親密關係能夠長久和諧，其中的祕訣就是：好好說話。愛侶可以說是身邊最貼近的夥伴了，越是親密的人，越應該把最真、最美、最善的一面給予對方。

　　3. 財運：財運多來自人脈資源，要多注意人情交際、應酬方面的支出，學會智慧應酬是很重要的。

　　4. 人際關係：你喜歡在熟悉、固定的圈子與志同道合的人交流互動，建議可以多參與不同行業、不同群體間的聯誼活動，讓自己的人際圈更多元化些，能為你帶來許多靈感、創意。

　　5. 工作／事業：必要的時候，可以多展現自己危機處理的能力，包括在團隊裡做為一個協調者或統領者，你善於溝通與組織，能夠很好的處理、平衡各種狀況與問題，讓整體步伐穩健前行。

★逆位：

　　時而有口難言、時而滔滔不絕，但你總是無法控制好自己，無效溝通太多，形成很大的無力感。

第五脈輪：喉輪

- 副牌
- 光譜：藍色
- 符號：雲
- 涵義：敞開
- 元素：火
- 數字：4

大千世界因不相同而變化多彩，生命因允許與接納，而成長進化，這股自然的姿態如此美好，如此寶貴。當你也全然敞開，你會感到更多的光進入你，人因敞開而成為自己生命的主人，成為創造與改變的主宰者。

天空「敞開」著他的懷抱，於是我們能看見多姿變換的雲彩。大自然「敞開」著心懷，於是擁有萬千物種呈現四季美景。所以，一個關閉狀態的「生命體」是無法獲得成長、無法展現精彩的。

如果我們敞開自己，生命會有什麼不一樣呢？任何事物都有其多面性，敞開，意味著放下所有的分別，允許不一樣的面向呈現，允許不同的存在、允許不一樣的聲音。即便是衝突，也是為了讓你發覺衝突背後需要面對與接納的點。敞開，既是一個動作也是一個狀態，心因敞開而更能感受到真善美，意識格局因敞開而能夠看得更遠，不懼世事變遷，思維敞開，便有源源不絕的靈感與創意流進來。

★提示：

1. 健康：注意喉嚨、支氣管、聲帶部位的狀況。體能消耗過大時這些部位會比較敏感，易引發炎症和不適。多喝溫的蜂蜜檸檬水，要忌口過於燥熱的食物。肩頸處需要多加保暖，經常做深且長的氣息練習。

2. 情感：如果你在單戀中，而你也確定對方人品很不錯，建議你不妨大膽的去表白，它提示一種轉變的可能。已是情侶或夫妻者，這種情況最易為雙方感情埋下地雷，就是「有話不說」。很多事情，猜疑或隱忍，反而會讓雙方之間無形的隔閡越來越深。

3. 財運：當你發愁自己的財運狀況時，這張牌告訴你，天下沒有白吃的午餐，天上不會掉餡餅喔。請行動起來！拿出你的魄力，馬上開始。規劃好自己想做的事情展開行動，你的財務狀況才會開始轉變。

4. 人際關係：能言善道、開朗活潑的性格比較快能結識新朋友拓展人際圈子，而如果剛好你的性格比較內向，也不用擔心，只要帶著一顆願意傾聽的心與人交往，也一樣能結識與你有緣的朋友。

5. 工作／事業：在能力範圍內你不妨走出舒適圈，去嘗試不同類型的工作、行業，能夠幫助你開拓自己的眼界和經驗，甚至能激發你從未發覺的潛能，帶來意想不到的收穫。如果你是企業主管、領導者，建議你除了積極去嘗試不一樣的管理、行銷方法外，可以聘用有多元思維、多才多藝的人，能為公司帶來不一樣的氣象。

★逆位：

遇到創意與靈感的瓶頸，反應了你內在信念侷限之處。

第五脈輪：喉輪

V

臣服
Surrender

- 副牌
- 光譜：藍色
- 符號：雲
- 涵義：臣服
- 元素：風
- 數字：5

世事變換，有它既定的規律與規則，一切變化，它背後皆有因緣的推動，遵循宇宙生命進化之大道而行。

每個人的生命旅程有著既定的軌跡，同時伴隨著許多挑戰、無常的變化與波折。當變化突然來的時候，你會以為是一個意外的事件或災難，甚至視為是上天的懲罰。但其實它背後的深意，卻是既定命運軌跡獲得重新調整的「機遇」。

人的內在意志是自由的。無論意識多麼寬廣、自在，無論心有多大，內在始終安定不移，謂之為定海神針，即是真善美的真理。有這真理常駐於心，才不會慌亂，不會因為因緣變化而感到恐懼。

學習透過事情表相看透背後真實本質，放下評判，放下對變動的排斥，臣服於宇宙進化之意志，隨順因緣因地制宜，便能覺知覺醒，活在當下。

隨順、放下掌控，並非要你得過且過。相反的，在看透事物變化的規律後，明晰自己的定位，直下承擔。所有想要展現的、表達的都基於真善美原則而一致。不對抗、不回避，不假裝。勇

敢面對、盡力而為，把結果交予上天，相信一切終會按著它本該的樣子發生。

★提示：

1. 健康：注意血壓、腦壓的情況，出現頭疼、胸悶、憋氣情況時，要及時就醫。學習靜心、放鬆與安神的方法，如香道、練字、靜坐，瑜伽，常接觸大自然、慢走。

2. 情感：情感的發生時常不因年齡、背景、地位等這些外在條件而決定，如果你期盼一份真情意，應先看清自己的心。先放下預設的各種條件和要求，感受與對方在一起時自己的心是否喜悅？是否放鬆和安心？以此為參照，才能遇見美好愛情。

3. 財運：表面上，你對錢財看似不在意、無所謂，偶爾還會「一擲千金」。但實際上，你會發現自己守財很難，花多還容易擔心不夠用。「財富運」其實跟自己內在的金錢觀掛鉤，你怎麼對待金錢，金錢便怎麼對待你。以珍視之心、感恩之心對待財富很重要。

4. 人際關係：你習慣了隨性隨心，既不勉強他人更不會勉強自己。遇到志同道合的你可以侃侃而談，遇到不想融入的場合你可以沉默不語。保持真實真誠，開心就好。

5. 工作／事業：可能你的本性不喜歡一成不變，當一件事情重複無新意時，你會想要變動、想要挑戰更多新鮮的，想要冒險。積極主動敢的態度是非常好的，但也要學會站在全域全觀的角度去衡量。

★逆位：

能力的施展、話語權總感到受制於人、沒有決定權。或許不是真的有外人在壓制你，但有危機四伏的感覺。

第五脈輪：喉輪

遠征
Expedition

- 副牌
- 光譜：藍色
- 符號：雲
- 涵義：遠征
- 元素：愛
- 數字：6

　　一把好樂器的使命是演奏美妙音樂，於己於人抒情達意。音樂得以因此而傳播，慰藉更多人心。當你感悟真理，讓真理進入你，帶著愛的頻率經由你傳遞出去，它即踏上了順應宇宙生命進化之征途，大慈悲愛力也將由此進入我們的生命，滋養、療癒每一個人。

　　「病」的發生，是因為內外失衡，內在得不到表達與釋放。真相無法得到表達、以假亂真時，愛無法流動，即發生失序、失衡，於是產生病態之象。宇宙進化之推動能量，是無私的大慈悲愛力，愛是一切事物之本源，當它得以如實呈現，愛的能量即能瞬間超越時空去傳遞與增長。

　　生命的長征即是走在順應宇宙進化的大道上，這條大道沒有盡頭，唯有不斷去感受真理，成為真理的門徒，走在展現真善美，傳遞愛的大道，這是生命生生不息，不斷流轉，永不停歇的遠征。

　　當你堅持這麼做，那股讓世界和諧與美好的創造力、靈感、潛能也將源源不斷、毫無阻礙的進入你。

★提示：

1. 健康：注意頸部、肩膀、背部的護理，切勿過度勞累，要時常舒緩和放鬆筋絡，若過度緊繃和僵硬，很容易引發不適，如失眠、偏頭痛、落枕等。

2. 情感：提示一種「不強求」的態度，若你是單身，請放鬆和享受一個人的生活，雖然偶爾也會受他人鼓動，但要去嘗試時還是順其自然為佳。而正處於情感中的兩個人，此時熱度開始褪去、趨向平淡，此時切勿忘記兩人共同的生活目標和願望，一起探索，攜手前行。

3. 財運：在財富上是夠用的，也許你內在本身就是個容易知足之人，沒有過多的欲望。如果能養成儲蓄的習慣，那將會幫助你今後的生活更加安定踏實。

4. 人際關係：你內在的敏銳，使你很容易能分辨什麼人可以結識，什麼人要遠離。人與人之間，正直和善惡分明是很有必要的，但有時也需保持一種包容與理解的態度來看待這一切，你會發現，很多人身上都有自己值得欣賞與學習之處。

5. 工作／事業：職場是個很好的修鍊場，不妨借由這樣的地方，提升自己的潛能、磨練心性、拓展視野與格局。繼續保持開放、積極的心態，把一切挑戰視為提升自己的機會吧。

★逆位：

自我內在的錯位而感到生活虛假不真實、茫然無措。讓一切恢復秩序，從真誠面對自己開始。

第六脈輪：眉心輪

- 副牌
- 光譜：靛色
- 符號：金剛杵
- 涵義：沉靜
- 元素：地
- 數字：2

　　打開內在的神性和覺知，需要深入寧靜之境。只有在沉靜狀態裡，不升起雜念，把心神專注於自己的內在，並安定在當下時，才能感受到內在靈性的舒展、讓源能量穩定的流動。這種全然的靜，使你獲得放鬆與專注，明晰自己的心與力量，帶來身心內外的安穩與平和，如大地之寬廣涵容。

　　人如同一個容器、一個無限可能的場域。當裡面填滿了雜念、紛亂思緒、欲望貪念，或者沉重回憶……就很難有空隙迎接來自智慧的創意與靈感滑入你的內在。

　　你內在神性想要觸摸到、感知到這宇宙源頭閃爍的真理之光，需得是在我們能夠進入全然沉靜、內在無聲無念的狀態。無聲無念，不是靜悄悄沒有任何一點物理聲音或心聲，而是一種身體、心靈、神識與當下同步，你知曉一切，卻不受任何干擾的「臨在」的狀態。

　　全身感官放鬆、專注，身心與神識因為寧靜頻率的調頻，全身內外粗糙的、沉重的、嘈雜的、無序的能量，均被疏理和轉化，逐漸清澈純淨、柔和、平靜、安定。在轉頻的經驗中，你能感受到自己內在的寬廣無邊，心靈與神識之疆域不斷擴展、延

伸，感受到與萬事萬物、與大地、與大自然、宇宙融合一體、無差無別。此刻智慧之靈感落入、真理之光閃過時，你瞬間即有所覺察，悟為己用。

★提示：

　　1. 健康：注意眼睛、耳朵、面部各器官的功能。若容易頭脹頭疼是因為腦壓過大，需要調理頸椎。

　　2. 情感：凡事不要只停留在表面，功能型的情感最終不能滿足你，需要好好思考這份感情對你而言意味著什麼，兩人共同的目標及方向是哪裡……深入關係的本質去看，而不是執著於收入、家世、長相。

　　3. 財運：財運方面，追求安穩之感是你現在很需要的。所以要讓自己的金錢，收支狀況保持平衡。先把固定的收入來源穩定下來，不要著急於各種投資。

　　4. 人際關係：你喜歡運籌帷幄的感覺，所以你較樂意站在幕後主持大局，而不是在臺前做閃耀的主角。在關鍵時候往往你是起決定作用的那一個人，這非常考驗你統籌各方的能力。

　　5. 工作／事業：耳聽六路眼觀八方、面面俱到，是你在工作、職場上的不可多得的才能。當你作為團隊或公司骨幹、領導者的時候，要內外通達，沉著冷靜，不要感情用事，不要被周圍的人，影響你的意志。

★逆位：

　　雜念太多、思緒紛亂，以致於影響重要決策，或無法下決策。

第六脈輪：眉心輪

- 副牌
- 光譜：靛色
- 符號：金剛杵
- 涵義：接受
- 元素：水
- 數字：3

　　人無法踏入同一條河流、這一秒的世界便已不是上一秒的世界、昨天悲傷的你也不等同於今日悲傷的你……如果你能體悟這其中的含義，面對所有的因緣，面對那些無常、變故，你就不再比較和對抗、能真正處之泰然。

　　對生命中的一切，抱持「歡迎、迎接」，這種接受的態度，你的意識將會漸漸越來越寬廣。這份寬廣能夠指引你用中性思辨的眼光去看待問題。如此將能夠更清晰每個事件的真相與意義。

　　每個人都渴望將生命的主動權掌握在自己手裡，這種渴望源於靈魂獨立的本性。我們大腦的機制，對不一樣的、突發的、衝突的，感到排斥並升起自我保護的防禦本能，這個本能會抑制了靈魂本身的接受性。當我們總是按大腦的機制行動時，就好比大海關閉了要與它匯合的大江、大河、溪流、湖泊的入海口，如此一來，大海有可能永不枯竭、浩瀚無邊嗎？當然也就不能成為孕育滋養成千上萬億生物的家園了。

　　意識體的接受，是指「允許自己以外的一切存在、允許不同」。生命中所見、所聞、所經歷的，即使於己無用，但它一定有存在的意義。面對千變萬化的因緣法則，我們唯有敞開自己的

意識，平常之心、寬容之心、甚至是欣賞之心看待，接受它們的存在。

★提示：

1. 健康：需要注意淋巴迴圈、血管迴圈特別是腦部微循環方面的問題，微小的不適容易讓人忽視，慢性炎症也常讓人覺得無關緊要，但往往會積累成大的問題。調整好規律作息、飲食營養均衡，常做足底SPA或泡腳、足療，精油按摩經絡。

2. 情感：感情方面，需要一種相敬如賓、平靜平和的狀態。如果兩人是屬於心靈交流、無需多言就很有默契的類型，那請好好珍惜。但如果是激情退去、無話可說的「靜」，恐怕需要時常製造激情浪漫的事情來增加親密度。

3. 財運：最近財運進出較頻繁，開源如果不適合現在的你，那就要節流，增加儲蓄的比例，減少額外的支出。

4. 人際關係：喜歡獨處多於交際的你，雖然待人客氣、溫和，卻也給人一種距離感，如果這是你刻意保持的便無妨，但如果你的工作是需要靠更多的人脈關係，就要更積極去打破這個距離。

5. 工作／事業：在職場中，接受他人的意見或建議，對於此刻的你很重要。並非他人都是對的，但願意聽進去，才有修正方法的可能。

★逆位：

抱持太多的評判與對抗引發自己內在衝突、矛盾，對很多事情事物的拒絕，使你看不到更多的可能性，困在原地打轉。

第六脈輪：眉心輪

- 副牌
- 光譜：靛色
- 符號：金剛杵
- 涵義：速度
- 元素：火
- 數字：4

不滅的光明在哪裡？

在我們內在的神識、覺知中。

當你越信任、並且越專注於內在，不斷讓那股覺察力啟動，它能幫助你看到、分辨出當下拖累你的、困住你的、影響著你的一切障礙物。

外在的光明依賴於陽光、人造的燭火、燈光，當光源變化光也就跟著變化。而內在的光明，是我們靈魂、靈性與生俱來的本質之光，它不因外在事物轉變而受影響。

內在的光明來自每一次進入平靜時，讓覺知啟動，直覺的觸鬚觸碰到真理智慧的波流時，引動的能量爆發。意識之光的綻放，如同黑暗之中爆裂的火源，瞬間照亮所有躲藏在潛意識黑暗角落的障礙物。這障礙物即是種種無明或人的慣性、習氣。困住你的思維、迷亂你心神，減緩你生命前進的速度。

而最終，人生能夠發生改變的關鍵一步，就在於你能夠運用自我的本源力量，去面對、去改造、去清理，時刻與自己內在連結，讓高等意識守護著你，讓智慧真理之波流隨時能夠被汲取到，那麼，向前推進的速度就能開始啟動，外在的困局也能因此而突破。

★提示：

1. 健康：防止眼睛過度疲勞、注意過度思慮造成的神經衰弱、緊張、失眠等問題，若已經出現睡眠紊亂、頭疼、偏頭疼的情況，要暫緩工作，先釋壓。多練習靜心、氣功調息，遠離煙、酒精。

2. 情感：感情中的危機，雖然傷心傷神，但有智慧的做法是，將衝突視為探索兩人在感情中真實需要的機會。也就是真正認識自己、認識對方的機會。知道自己真正需要的是什麼，並使用對的方式溝通、表達，而不是每次都陷入矛盾點、放任情緒、使用手段。那麼再親近的人也會終有厭倦的一天。

3. 財運：這張牌在財運方面，提示一種突發的轉變。如果此時財運遭遇困境，象徵最近即將會有新的機會可以轉變。如果一直很穩定，那則要注意切勿因為一時衝動、意氣用事去使用金錢。

4. 人際關係：你很有奉獻精神，樂善好施，時常給人雪中送炭，在朋友心目中聲譽很高。有時候防人之心不可無，面對完全陌生的群體，不熟悉的人，還是要多一分理智和客觀。

5. 工作／事業：需要一個爆發性的思維，或一個直面矛盾的決心，才能突破目前工作上的瓶頸或障礙。對自己狠一點，你不面對現實，現實面對你！

★逆位：

知道問題所在卻不肯付諸行動，逃避面對，缺乏勇氣與魄力。

第六脈輪：眉心輪

- 副牌
- 光譜：靛色
- 符號：金剛杵
- 涵義：過程
- 元素：風
- 數字：5

「通達真理」，「獲得智慧」，這並意指某種結果。它是不斷循環在「聽聞、思辨、修正」，回到自己，反復深悟、檢視、調整、內化的過程。

這個過程需要反覆的練習。當你閱讀或聽聞到更有高度的道理時，很自然會心生喜悅，宇宙源頭真理的訊息與你的直覺相遇，此刻思辨是很重要。在思辨的過程中，將平面式的思考慣性，升級為立體式的，從絕對變成相對」這種意識的提升，需要不斷去咀嚼，如同「我思，故我在」。

你要使自己內在管道保持開放，同時提醒自己：「覺知是中性的」。它身負觀察、檢視、提醒的使命，巡視著你真實的感受，檢視著你的慣性模式，「帶著覺知」才能使思辨變得有意義。

「聞、思、修」是一個沒有終點的過程，既然沒有，那麼我們更不必再急於尋找著所謂的「終點」。因為真理、智慧蘊含在每個當下。

★提示：

1. 健康：學會放鬆，是你此時最需要的，而且是身體跟心理兩方面都要放鬆。給予自己獨處的時間空間，閉目養神、靜坐、聽聽喜歡的音樂、看電影、吃美食。多接觸大自然，慢跑、騎行，是適合你的項目。

2. 情感：此時的感情狀況比較輕鬆、舒適，但心中可能有一種對未來的不確定感，雖然沒有太黏太多的約束，讓彼此都舒服，但依然會擔心是否會因鬆散而生變。讓自己更隨緣一些吧，是你的誰也帶不走。

3. 財運：財運方面最近波動較大，如果有想要投資的標的或項目，建議選擇短期即可回收的，風險方面，得失參半，所以要衡量自己的承擔能力。

4. 人際關係：需要多元變化，不妨多切換頻率，頗有一種因時因地制宜的感覺。來去如風，讓人摸不著頭緒，不失為此刻的好方法。

5. 工作／事業：思維敏捷、聰明機敏、創意十足的你是個難得的人才，不管做什麼，都能夠勝任。但職場更看重的是落地的方法及執行成效。這是此刻的你，需要兼顧的。如果你發現自己時常會跳脫、不夠細膩，則需要在心性上多加磨練。而當你站在管理者、組織者的位置時，更不能朝令夕改，變化速度過大，會影響團隊運行。

★逆位：

只盯著結果讓你更加焦慮、不安，無法專注投入也無法享受過程，目的性太強。

第六脈輪：眉心輪

- 副牌
- 光譜：靛色
- 符號：金剛杵
- 涵義：穿透
- 元素：愛
- 數字：6

　　你可曾嘗試抽離出來，站在更高的角度，彷彿一位中性、客觀，沒有任何評判與雜念的智者，去看著自己所經歷的一切？這便是我們內在神性的視角。這個視角能幫助我們穿透表象，看到事件背後的真相與愛的意涵。

　　所有靈魂來到此生，要不為了化解恨，要不為了體驗愛。宇宙源頭至高無上的大愛，蒙著愛恨情仇、喜怒哀樂的面具，隱藏在種種事件的背後，當你信任內在的神性，跟隨著它的指引，穿透面具，看到表相背後的愛，並領悟其中的含義，便能提煉出屬於自己的生命進化論，讓靈魂因愛的洗滌、智慧的淬鍊，才拭去鉛華回歸純淨，最終綻放它的本質之光。

　　想從萬事萬物中體悟出智慧，不是那麼的簡單。它需要我們在精神上修持「定、靜、安、慮、得」。這每一步，既是方法，也同時包含著智慧的化身，就是愛的呈現。這一切，都是為了讓你最終領悟「生命存在的本身，即是愛」。

★提示：

1. 健康：注意心理上的健康問題，如躁鬱、自閉、抑鬱傾向，當內在積壓過多負能量往往就轉而影響身體實質器官，出現消化不良、潰瘍、內分泌失調、慢性疾病等。要懂得給自己釋壓，適當給自己放個假。

2. 情感：當一個人的內心是飽足的，那麼他的注意力會放在如何讓對方過得更幸福。相反，如果你發現自己時常止步不前不知如何是好時，請先回到自身做檢視，因為你已經消耗太多的能量，先照顧好自己，休養生息。

3. 財運：你內心對金錢、財富比較隨緣，自然不會讓你覺得困擾和心理壓力。如果能更加好善樂施，願意給予和付出，無形中將為你帶來更大的福報助力，讓你不虞匱乏。

4. 人際關係：慎選人際圈子，自己在其中舒服、自在、喜悅就是跟自己契合的圈子，不要為了獲得什麼而逼迫自己，在你戴上面具的時候，你所看到的臉，也是一張張虛假的面具。

5. 工作／事業：在工作／事業上不能僅滿足在「完成任務」這樣的程度了。你除了要利用工作來最大化的挖掘自己的潛能，展現你自己最優秀最專業的一面以外，你還要去思考，最終你要將自己的價值貢獻在哪裡，想要達成什麼。為自己設立一個遠大的願景，不斷去拓展自己的格局、升級優化自己的能力，你才能站得更高，走得更遠。

★逆位：

困在生活種種事件的迷霧裡看不見方向、越理越亂，被外在表相掌控了心緒而無法思考。

第七脈輪：頂輪

· 副牌
· 光譜：紫色
· 符號：轉經輪
· 涵義：懷抱
· 元素：地
· 數字：2

懷抱
Embrace

使生命圓滿、綻放靈魂光輝的能量來自於奉獻。當你如大地般心懷萬物，你會因無私奉獻的同時認識、確立自己價值，從而獲取向內滋養自己，圓滿自己的力量。

轉經輪記錄著你每個當下被觸動時所感悟到的智慧，同時它也連接著宇宙源頭的真理。它的作用在於，用宇宙之真理源源不絕地滋養你內在的智慧寶庫，指引著你，在繁覆雜亂的人世間，不斷化繁為簡，讓你返璞歸真，指引你與內在最純真、最單純的靈魂本質連接。

靈魂的圓滿，經過宇宙大愛的滋養，在不斷自我療癒後獲得力量，進而自然而然的展現靈魂本質的光輝，承擔起自己的人生使命、展現個人價值，並將內心圓滿的愛向外奉獻。奉獻的當下即刻獲得更高的能量回補，循環往復。如同大地心懷萬物、孕育萬物，而萬物也回饋給大地源源生機一樣。生命的意義即在於奉獻，因奉獻而進化。

★提示：

1. 身體：最近感到體力不支，是在提醒你，需要加強身體的

鍛鍊了。強壯、健康的體質、體能，能為你帶來飽滿的活力，讓你無論工作還是學習，都能夠精力充沛、注意力集中，並且效率好。開始動起來吧，每天花1小時或半小時的時間，慢跑、游泳、瑜伽、快走，你可以選自己喜歡的進行，養成鍛鍊的習慣，將會帶給你全新感受與飽滿的熱情喔。

2. 情感：此時你和愛人、戀人之間的情感，是處於彼此欣賞、彼此信賴，穩定、前行的狀態。珍惜當下吧，即使偶爾有抱怨，也別忘了，要讓心再次回到初衷，培養默契、互相打氣。

3. 財運：對於自己財富如何累積、金錢如何規劃、收入如何維持穩定，你心裡是有數的。在你富餘的時候，如能夠多做公益與善事，樂於分享、布施，會給你帶來意想不到的收穫。

4. 人際關係：為人正直、善良的你，身邊常圍繞願意向你敞開心扉的朋友，是人緣很好的人。雖然付出的稍多，但因你的存在而讓他人增輝，是值得嘉許及肯定的，也因此在不知不覺中培養了自我欣賞及自信。

5. 工作／事業：凡事有一個積累的過程，把專業務實地用在工作上，積累到一定程度時就會引起質變。當你作為管理者、團隊領導者的時候，一顆時時心懷員工、全域利益的心，和讓所有人都能一起變好的大格局更尤其重要。

★逆位：

找不到自己的價值所在，內心好高騖遠，不願踏實待在此時的位置做平凡、低調的事情。

第七脈輪：頂輪

- 副牌
- 光譜：紫色
- 符號：轉經輪
- 涵義：遊戲
- 元素：水
- 數字：3

我們內在神性的任務之一是，讓我們靈性的轉經輪始終與高頻率、高等智慧相連接。它時刻存在於我們的內在，讓我們能夠保持覺知，全面照料自己，從身體的健康，到心靈的富足，再到內在靈魂光輝的綻放。它讓我們對自己的力量保有清晰認知、並能夠帶你跳出惡性循環的模式，超越自己的限制。這並非高深莫測的神通，而是我們本自俱足的內在神性的能力。

去感受並信任你內在神性那股如水一般的力量吧！不計得失、豁達果敢、覺知並隨順因緣，是它的態度。即使你沒有任何信仰，也不要忘記你可以信賴、依靠你的內在神性。

它全然地服務於你，讓你活在人世間，面對任何坎坷可以從容不迫、遭遇挫折能夠擁有勇氣和力量，迷茫時能夠清晰思緒。當你如它一般至真、至善、至美，你便能了透人性卻不被其所縛。隨順，輕鬆，遊戲人間，心中無憾。

★提示：

1. 健康：不要忽略自己時常爆發的無名情緒，隱忍的情緒如

果不流動出來，對自己的內分泌、乳腺以及血壓都會有影響。建議多到戶外親近大自然，在草地、沙灘上光腳踩地，讓身體裡混亂的電荷能夠傳導出去。需要時常靜心，借助香道、練字，可以讓你心神恢復安定狀態。

2. 情感：你不太在意對方的身世、背景、這些外在的條件，你更注重精神與心靈的契合，喜歡無需多言便能夠知道你內心需要的人。但生活中更多的是現實的柴米油鹽，所以還是要習慣去表達，更能讓兩人在事務性的做法上更清晰。

3. 財運：財運方面會感覺把控不住，存不住錢。首先要先改變觀念，認真記帳、養成儲蓄習慣，並重新好好理清自己的財務狀況，做到心中有數，才能讓自己的生活更踏實。

4. 人際關係：你是個內心柔軟、溫和、善良的人，常常能夠看到他人的需要而給出建議，不與人計較得失，這使你身邊圍繞的也是一群有愛之人，雖然也有只為了向你索愛，但只要你心裡有自己的定見和辨別，知道如何應對，相信自己的判斷即可。

5. 工作／事業：只要目前你所從事的工作是你真心熱愛的，那就保持一顆樂觀積極的心，朝著自己內心的目標堅持下去，但行好事莫問前程，你定能收穫到屬於自己的碩果。同時，也需要你好好利用自己的人脈，與志同道合的人一起合作，可以有事半功倍的效果。

★逆位：

陷入兩難境地，思維不夠靈活、清晰，很多事情無法灑脫、果斷地作出正確決策，內心決策力不足。

第七脈輪：頂輪

IV

洞見
Insight

- 副牌
- 光譜：紫色
- 符號：轉經輪
- 涵義：洞見
- 元素：火
- 數字：4

與自己內在神性相連，讓高維的智慧能轉化到生活中靈活運用，需要持續不斷地淬鍊微觀與全觀的能力，站在一個全新的意識角度提出新的洞見。

生活處處是修鍊，任何人、事、物，都能成為提升自己的媒介。時刻提醒自己，摒棄自我固有的思維模式，放下預設與評判，帶著中性、客觀的眼光，去看待你身邊所有的人事物，並保持開放的心態。即使最簡單的事情，也有它獨有的意義，我們不該忽略任何當下觸動你感知觸角的事情，越是中性的進入當下，越能清晰感受、越能體悟。

反覆地練習，你將能夠深入事情本質，明察一切事物之間微妙的聯動關係，進而深入去思考，帶著更客觀、更高度的視角來看待，帶著覺知意識去感受與連接。

洞見之力蘊藏著爆破的火力，對外，助你破除所有恐懼、執著、不安的假面具，呈現真相真理。對內，不斷突破與超越舊有限制，層層剝去枷鎖，與自己靈魂本質相遇，了悟自己的使命，助你得到啟示和激勵，最終綻放靈性光輝。

★提示：

1. 健康：注意在皮膚方面反覆出現的問題，過敏、潰瘍、濕疹等慢性的症狀，同時關注最近是否感覺沒有活力、鬱鬱寡歡，提不起精神。如果有這樣的問題，要及時找專家調理，建議多讓家人朋友陪伴，減少自己悶著亂想。

2. 財運：近期偏財運不錯，股票或者基金，會有所收益。支出方面要節制，切勿衝動盲目，特別是為了義氣和人情的花銷。保持理智保守的理財方式，雞蛋不要放在同一個籃子裡，讓進大於出，才能更穩定。

3. 情感：外在的形式、儀式感特別能夠打動你，當對方在這些方面花心思，你就容易深陷其中。如果你是個拿得起放得下的人，這並無不妥，不用害怕心動。但一段長久穩定的感情，需要更深層的互動與交流，需要你多瞭解對方的精神、心理層面以及內在世界。

4. 人際關係：高處不勝寒可能是你在人群中常有的感覺，你的建議時常一針見血，言詞犀利，一語中地。展現自己的同時，不要忘了要修飾用詞，並給人留餘地，關心對方的自尊與感受，切忌心高氣傲。

5. 工作／事業：想要突破自己工作的天花板，或渡過目前遇到的瓶頸，你需要請教資深的前輩或者生活經驗豐富的長者，多與格局大具備世界觀的經營者學習，跨行業的資訊並非與你無關，反而可以刺激出一些過往沒有的想法，整合及總結的能力在此時很重要。

★逆位：

與自我內在斷開連接，看不到自己的無明，也就感知、覺察不到周遭的不妥與失衡。

第七脈輪：頂輪

- 副牌
- 光譜：紫色
- 符號：轉經輪
- 涵義：簡單
- 元素：風
- 數字：5

神之指引，是宇宙真理與你內在靈性相連接時所產生的心領神會。這種心領神會如同風，無法被預期和抓取！唯有當你放棄追逐，停止期待，進入當下的寧靜，這股觸動才會順著寧靜的波，滑入你的訊息場，融入你的感知系統，讓你輕而易舉的收到。

感受神性的指引，是每個人與生俱來的能力。感受神性的指引是每個人心靈與身體和諧運作不可少的紐帶。他的發生如此自然，不用努力，不用四處追尋，你只要想法簡單、做法簡單，將自己安放，它默默地透過你的覺知，引領你走上內在靈魂想要去往的方向，達成此生的使命。

這是轉經輪的祕密，它很簡單卻又深含禪意。與神在一起，亦即與內在的自己在一起，合一，寧靜。

★提示：

1. 健康：注意身體的免疫系統，特別是呼吸道方面。好的體質是從平時的生活習慣積累起來的。曬太陽、多接觸大自然、深呼吸及有氧這一類項目很適合你。

2. 情感：你喜歡自由自在不受約束、自己掌控節奏的情感模式，如果遇到的那個人剛好與你合拍，那麼請珍惜，這是難得的緣分。但如果現實無法如人所願，不妨放下自己對某種「條件」的執著，省去一些日常的規矩，會更能享受簡單背後的深意，輕鬆地走在與人同行的路上。

3. 財運：近期財富會有異動或遷移，可以做一些項目的調整，短期的收益不錯，創新的點子也可能轉成實質的報酬。

4. 人際關係：在人際關係上提示你，對人對己不需拐彎抹角，手段不用最好。此刻也是你斷捨離人脈圈的極佳時機，人脈即錢脈不完全對，而是優質的人脈才有用，真心相交的朋友才值得經營，重質不重量。

5. 工作／事業：直指核心，直言不諱，是你此刻適合的行動方式。雷厲風行，簡單明瞭，能讓人感覺耳目一新，為職場帶來新的氣象。

★逆位：

凡事想太多、糾結於太多外在的條條框框而錯失轉機。需要靜心、回歸純淨。善用你的直覺、相信你的靈感。

第七脈輪：頂輪

- 副牌
- 光譜：紫色
- 符號：轉經輪
- 涵義：奧祕
- 元素：愛
- 數字：6

生命即是奧祕本身。

宇宙給予我們最極致的愛，生命的存在，這件事本身就是宇宙大愛的展現。但我們為何而來，最終要往哪裡去，則是我們窮究一生要探索的奧祕。

生命是什麼？愛是什麼？死亡是什麼？這個世界讓每個人奔忙遊走，雖然愛始終是「生命的背景音樂」，但我們是何其困難才能聽見。

能量的運行，大到宇宙的存在，小到我們自身個體的存在，不論從哪一個面向，我們均無法定義其奧祕是什麼，只能臣服於真理，成為真理的門徒，自己親身去體驗及揭祕。就過往先知哲人的經驗得知，每個人看到的皆不盡相同。這也就完全順應了神給我們的教導，每個靈魂都是獨一無二的，所獲的的指引也都不同。

敞開吧！接受萬物在你身上的一切造化，勇敢地走上自己生命進化的道路，尋找志同道合者，一起前行。不要再陷入無益於自己生命的模式，在每個當下，帶著愛與感恩，由此，我們最後將與喜悅豐盛、穩定、平靜的宇宙大愛漸漸同步。生命由此而圓

滿。

★提示：

1. 健康：要注意內在的精神品質，這裡便是你身體症狀的原發地。大病不來，小病不斷都起緣於內在世界的衝突。所以光治療症狀是無用的，壓制一段時間就會復發。

2. 情感：你嚮往「靈魂共鳴」、「心靈相通」兩人精神高度契合的情感模式。然而，感情的經歷恰恰是你的重要功課，你此生的到來，不是為了尋找那缺失的另一半，不是為了遇到靈魂伴侶而在紅塵流浪，是為了完整自我而來的。每一段感情都在幫你補缺，幫你更趨近於圓滿，請感恩每一個遇見。

3. 財運：金錢、財運是一股能量。先與這個能量頻率連結，才進而能創造及運作財富。匱乏的心理會讓你跟錢財越來越遠。

4. 人際關係：結交一些在國學、哲學、心理學、量子物理學、宗教、禪修等有興趣及有修持經驗的朋友。與他們天南地北的探討「人生大事」，或「宇宙觀點」，不是為了要尋找答案，而是要積極啟動自己內在的神性與佛性。你的靈性，渴望覺醒。

5. 工作／事業：當你總是感到工作沒有成就感，或總是不順利時，是否該考慮不要繼續硬著頭皮往前衝，而是似乎有一股力量在推動你「往上」走，到了該徹底改變的時候了。

觀照自己內在的變化，改換職業不是一朝一夕，切莫著急，要往哪裡去比你現在在哪裡更重要。

★逆位：

與自己失去連接，感受不到愛與被愛，難以專注當下，身體、思緒、情緒等被過往牽扯和抓取。身心分離卻又想掌控一切。

守護精靈：獨角獸

VII

・純潔無私的追夢者
・主題：愛、純潔、
　　　　專一、祈禱
・數字：7

在歐洲大陸的傳說中，獨角獸是純潔的化身，其銳利的角有著奇異的魔力。從角上挫下來的粉末可以解毒，服下粉末即可抵禦疾病、百毒不侵，更能夠起死回生。此種魔力令貴族與獵人為之瘋狂，都妄想擁有牠。

純潔無私的追夢者
Dreamer of Purity

抽到這張牌，「純潔無私的追夢者」在告訴你：

無論是處在順境或逆境，你都不會是失敗的。此刻宇宙正帶著無盡的愛，在陪伴著你去經歷並體驗一切。請相信你的心，相信宇宙中愛的頻率，信賴眼前的一切境遇，祂會引導你逐步去實踐你的夢想。

現在的你擁有足夠的能量去成長，去完成你的願景和夢想，實現你生命的價值。就算最不可思議的夢想，你仍然可以放手去嘗試，因為顯化成真的機率很大，所以需要你願意直視並接納自己的渴望，讓你的渴望成為夢想的種子。

不要花費太多心力去計劃怎麼實現你的夢想，而是要關注每一天中真實生活的體會，讓它去引導和滋養你的夢想。宇宙一定會支持並協助你，成為你所注定要成為的樣子。

走過的人生經驗，不管此刻如何，均顯示你是有能力去愛週

遭的人，在感情的互動裡，不要擔心彼此的愛有損傷。若已到尾聲，請你祝福這一段關係，接納這一段緣分，然後放下它，繼續過生活。你要相信，現在的你才是你原本該有的模樣。你可以再次吸引與你頻率相近的愛或友誼到來。

★提示：

1. 你是一個堅強獨立的人，但有時候每個人都需要支持，對你來說，現在不要試圖單槍匹馬去解決問題，允許別人的幫助，你也能修復自己的能量。

2. 現在的你似乎被恐懼給包覆，是時候放開你內在的恐懼，勇敢努力前行了。愛就是愛，愛無法與恐懼並行，因為這樣的你容易愛的滿身是傷，無法得到滿意的回應與結果。

3. 你會遇到你的靈魂伴侶，擁有永恆的愛，感知到所有圍繞你周圍的愛的能量。所以卸下你的恐懼吧。

★逆位：

活在他人的期望下，似乎已經忘記了內在愛的頻率。行動緩慢，夢想無法達成。

守護精靈：龍

VII

變化萬千的守護者
Guardian of Omnipresence

・變化萬千的守護者
・主題：守護、變化、承諾
・數字：7

龍連結天地，顯化著守護大地的本源能量，猶如江河遍流大地，因此可以幻化成各種形狀，保護山河國土。

龍掌管大地的氣脈，具備純淨的生命力量，並且擁有難以估算的強大力量；可以牽引、創造、毀壞，崩解一切。

自古至今，無論從民間的傳說故事或到貴族的儀軌表徵，龍始終在東方文化中，有著重要而崇高的地位。象徵著尊貴、體面、神聖不可侵犯的意涵。而擁有此象徵的少數族群，必須承擔著照顧其他一般民眾的責任與使命。這正是龍族的驕傲與天命。

這股決心守護的意志，讓龍有了超強的能力。

龍願意為所愛的人，所堅守的信念，所護持的價值，不顧一切，粉身碎骨在所不辭。所以龍用著幾近偏愛的執念，無關對錯，來守護他命中註定的愛，來維護它堅貞不渝的承諾。

抽到這張牌，「變化萬千的守護者」在告訴你：

龍的能量降臨到你身上，在無垠的虛空中，有一股守護你、愛著你的高等能量環繞著你，協助你實現心願的開端即將到來。這份愛，不同於世間的情感，是一種無私不需要回報的給予，他為了實踐曾經與你的跨越世紀之約，再次來到你的世界協助你。你所求的，將會來到你身邊，請你真心祈禱，將願望寫下來。

龍會支援我們與生俱來的能量，形成人際之間的連結，切忌墨守成規，完成目標的過程要能變通，你可以安排你想要的局勢、獲得你想要的禮物，但不要執著在你自己設定的步驟裡。

　　你要明白，這股能量是從潛意識的心願直接轉化到現實之中。如果你自認為配不上你想要的東西，你要先變成配的上的人。因為龍的能量是如此變化多端。

　　打破陳規，真心祈禱，讓龍的加持力幫助你跳脫出來。

★提示：

　　1. 請小心你說出的話，許願是一種頻率，如果你只是說場面話來和緩當前局面，那麼你的卑微與不真誠會讓自己遠離真正的心願。請理解每個字的重要性，先說出最真實、最真心的話。

　　2. 祈禱時，請不要使用否定的字句、批判負向的話語。請打開喉輪的創造力，說出能夠感動自己的字句，極致的真誠創化無限的可能。

　　3. 在兩手之間觀想一個能量的圓球，將心願投注在圓球之中，將球投上天，然後說出心願，訓練祈禱時的專注力，讓頻率投出可以百分百！也可以先練習太極拳或氣功來感受「氣」。

★逆位：

　　一切事情都不在掌控之中，感覺多做多錯事倍功半，計劃趕不上變化。

守護精靈：虎

VII

勇猛前行的冒險家
Venture into Unknown

- 勇猛前行的冒險家
- 主題：力量、權力、行動
- 數字：7

虎是獸中之王，代表威嚴，權力，榮耀。中國人自古就喜歡虎。虎是強壯、威武的象徵，也代表吉祥與平安的瑞獸，象徵壓倒一切、所向無敵的威力，象徵著權力、熱情、大膽和勇敢。

老虎有一個天性，只要吃飽了牠就懶得動，多半在樹下休息，此刻的牠是完全放鬆的，然後等到肚子餓時才再次出來覓食走動，牠鎖定的目標通常在一百五十公尺以內，並會以最快的速度捉住獵物，若距離太遠是不會採取行動的。

牠不會積攢食物，總在需要時才會啟動超強的狩獵本能，對自己充滿自信，一但被牠鎖定的獵物，通常逃不過牠的手掌心，行動的當下，心無旁鶩、熱情單純。

抽到這張牌，「勇猛前行的冒險家」在告訴你：

若你有目標想要達成，你需要有明確果斷的意念，專注於你想要的，並大膽的去追求，行動再行動，宇宙會回應你，讓你有更多的體悟與收穫。

當一個人能非常的專注，並清楚的知道自己的意圖時，就像擁有能分開海洋和撼動山脈的力量。現在的你似乎有一個非常想達成的目標，但你真的有強烈意念嗎？在追求目標的過程中，很可能因為各種因素而朝三暮四，或因為怠惰而走走停停，甚而你

可能會安慰自己，對於想追求的目標，其實並沒有那麼的必要。因為這樣模糊且無力的信念，會造成你在許多事情上一直沒有辦法走到最後。

現在就是拋棄這個舊有模式的時候，你必須記住自己是一個前行的冒險者，你擁有無比的動力與熱情可以去完成你心中所想，不要再因為膽怯或沒有信心而無法勇敢行動。

★提示：

1. 你的渴望與野心很大，小心困在自我意志裡而無法達成目標，要學會「蓄積能量」再前進，若犯了錯也要先接納自己的錯誤，先與自己和解。

2. 現在的你已經準備好為自己負責，準備挑戰社會人際關係中的權威地位，所以果斷地去捍衛你所重視的事物與價值觀，並且去追求，莫瞻前顧後想太多。

★逆位：

困在自我意識裡，畏懼被人控制自己，不願與人合作，擔心犯錯，無法採取行動，自我內耗。

守護精靈：耳廓狐

VII

大地的傾聽者
Listener to the Earth

- 大地的傾聽者
- 主題：靈巧、陪伴、傾聽
- 數字：7

耳廓狐，是天生的萌物，小小的臉有著一雙大耳朵，像個小精靈一樣，靈巧聰明，非常漂亮。牠生活在沙漠中，面對艱難的環境，擁有超強的適應力，善用雷達般靈敏的聽覺，捕抓地底下的獵物。

在自然界中，耳廓狐時常需要面對很多的天敵，但多半能夠化險為夷。依靠的不是牠強大的戰鬥力，而是時刻保持覺察靈敏的聽力，再加上聰明迅速的分辨能力。看到這段文字的你，不知心中是否有些共鳴，多數的人不會主動想要攻擊他人，甚至在遇到不公不義的情況時，也沒有足夠的實力去討回公道，不管是動物界還是人類社會，處處充斥著弱肉強食的現象，所以耳廓狐讓我們學習到不要好勇鬥狠，要善用自己的優勢，洞察先機，靈巧善變。

抽到這張「大地的傾聽者」在告訴你：

靜下來，先聆聽內在的聲音，答案並不需要向外尋找，只要你願意，來自內在自我的高等靈性會協助你穿越迷霧找到答案，成為心的聆聽者。

要學會尊重他人，放下自己，傾聽別人，讓自己成為一位陪伴者，不要著急出招下指導棋，不要習慣爭論、解釋，這樣無助於解決事情，反而容易火上加油，打開耳朵，閉上嘴巴，等待適

當時機再給予反應。

在與人交流時，你比較常「說」還是「聽」？在聽的同時，你是否有耐心和聽到他人所表達的重點？聆聽不僅是一種能力，也是一種修鍊自我的過程。請先讓你的頭腦安靜下來，不要義氣用事偏向一方，否則會漏掉許多重要的訊息。你必須開始提升「聽的能力」，首先練習去除雜念，培養寧靜的品質，讓自己維持在中性與接受的狀態中觀照，因為清靜的頭腦與身體，能夠快速且清楚的聽見更細微的訊息。如果生活中遇到了爭議或衝突的時候，記得先專注傾聽並且設身處地站在每一方思考，這樣才能正確地判斷事情，化解衝突，圓滿事物。

★提示：

1. 善用耳朵，少說、多聽、多靜心，以修煉內在的寧靜品質。

2. 你的內在聽覺目前很敏銳，多多靜心連結來自內在的訊息，可以獲得啟發及幫助。

3. 多去公園散步或者接觸大自然，嘗試專注於原本忽略，未曾注意的各種聲音。

★逆位：

現在的你，在生活中的交流已經斷絕了，失去有效的溝通管道，聽不進去旁人的建議，陷在自我的框架中掙脫不開，不易得到旁人的幫助。靜下來，省思一下，為何旁人的話會讓你感到煩躁不耐，問問自己的初衷與動機是否還在。

守護精靈：戰馬

- 果敢剽悍的勝利者
- 主題：機會、蛻變、拼搏
- 數字：7

VII

果敢剽悍的勝利者
Victor of Bravery

戰馬是戰鬥時用的馬，與騎兵結合一體，具有十足的爆發力，衝擊力，還有續航承載的能力。在古代戰爭裡使用騎兵的國家，往往會贏得多場的勝利。

戰馬代表向前的動力，象徵壯士斷腕，義無反顧，生命即是一場戰鬥，「契機」是戰場裡極需把握且不容錯過的。而「理論」與「理智」常常誤導人們停滯不前，因為大部分的人只有著眼在表象的教條與道理。但事實上，「實踐與經驗」才是真功夫真獲得。生命要推進，更需要「拼搏」來戰勝一切。

抽到這張牌，「果敢剽悍的勝利者」在告訴你：

真正的往前，意味著「舊的持續」要死亡、要拋下了。要擁有新生的狀態，舊有的生活方式要捨得放棄，舊的思惟要升級、過去的儘量都要放下。

你的潛意識正驅動你蛻變，帶著覺知有意識的接受生活中的淬鍊，使用正向的心態來面對事物，及干擾你的訊息，切勿鬆懈倦怠。如果能帶著愛並冷靜的看待自己與世界，那將會使你擁有更多的生命靈感與喜悅。

有什麼志願想要實現？可以採取什麼方式來執行？如何避免可能會發生的障礙或困難？去做吧！機會稍縱即逝，只做了決定

還不夠，你一定要採取行動才能達到目標，大膽地踏出你的第一步來實現你心中所願。此時的你容易心想事成，機會已然到來，戰馬可以加速帶領你達成目標。

★提示：

　　1. 觀照自我，什麼習氣牽絆住自己？它可能是一個習慣，一個信念、一個人、一個過往的記憶……

　　2. 停止雜想的念頭，減少這些令你渙散的能量，重整生活中的物品、人際關係、嘗試斷捨離的方法。

★逆位：

　　意志力太薄弱，困在自我的懷疑與恐懼中，精神體受傷導致匱乏，所以雖然有心想要跳脫舊有思惟與慣性，但力不從心，對未知有很大的焦慮感，無法盡情去體驗人生。

守護精靈：老鷹

VII

目光如炬的御風行者
Aviator of Insightness

- 目光如炬的御風行者
- 主題：方向、飛馳、歷劫
- 數字：7

在大自然中，老鷹是一種很神奇的動物。鷹一生的年歲大約八十，但在牠四十歲的時候，生命要經歷一段極大的挑戰，做出重大的抉擇，若牠撐過，就可以再活四十年，若撐不過，就會死亡。

四十歲的鷹日漸軟弱雄風不再，牠的爪子開始老化，無法有效地捕住獵物。喙變得又長又彎，幾乎碰到胸膛，無法進食，牠的翅膀變得十分沉重，因為羽毛長得又濃又厚，飛翔起來十分吃力。所以，牠必須飛到高山上的巢穴裡，連續一百五十天禁食，先將身上羽毛跟爪子一根根拔起，再對著堅硬的岩壁把喙磨斷，用無比強大的意志力，堅忍地一點一滴獨自面對生命的蛻變。當最終經歷過了去舊更新的艱難過程之後，新的羽翼、爪子、嘴喙，重新生長出來，此刻全新的生命讓牠得以再次展翅翱翔飛馳在天際，再次成為天空的霸主，名符其實的御風行者！

老鷹天生具有蛻變的意志和精準的目光，當你抽到這張牌，「目光如炬的御風行者」，給你一個訊息：你可以立刻採取行動。或許，你不清楚自己想要去哪裡，無法邁出第一步，感到猶豫不決。也或者你考慮了太多可能的選項，導致原地踏步。此刻請閉上眼，連結御風行者的頻率，想像飛行在天際的鷹，將注意力回到自己的身上，檢視自己是否有太多過往的包袱？是否身上

背著厚重的羽翼喘不過氣？是否覺得自己老態盡顯，已無雄心壯志？。

你必須經歷來自於內在的自我探索，然後開始進入選擇，需要徹底整合後重新拿回自己勇氣，迎向蛻變的時刻，乘著力量的翅膀御風飛翔。這張牌也預示著夢想將要成為現實，通過磨難的考驗，你將來到彼岸。

若想乘著心中夢想的翅膀飛翔，就必須擁有堅定不移的信心與決心，將內在蛻變的精神力與行動力結合落實在生活中，必定能穿透雲層看見黎明。

★提示：

1. 密切注意自己夢到了什麼，以及現實中發生了什麼，帶著深刻的覺知來解析他們的關聯性，然後再好好準備如何帶著勇氣讓夢想成為現實。

2. 感受風，你會發現重要的訊息。

3. 想要行動，關鍵在於減輕負擔。少吃一點，勿食難消化的食物。

★逆位：

無法逃脫先入為主的概念，無法對其他人發出同理心，看到的都是自己的投射，愈來愈糾結。

守護精靈：貓頭鷹

- 黑暗中清晰的覺察者
- 主題：專注、智慧、
  洞察先機
- 數字：7

黑暗中清晰的覺察者
Perceiver in the Darkness

　　貓頭鷹是掌管智慧的守護精靈。牠具備精準的視力與超常的專注力，能在黑暗之中判讀一切，洞察先機。

　　貓頭鷹的眼睛和耳朵跟其他鳥類不同。貓頭鷹的眼球不會轉動，能夠看清楚物體的輪廓，耳朵超過臉一半大，而且左右不對稱，位置不一樣，所以能夠掌握從任何方位傳來的聲音。

　　貓頭鷹的特質在黑暗中特別能展現無遺，除了其天生被賦予的超級視力，也因為這個天賦的功能主要顯現在黑暗中，更顯出它的獨特與珍貴。這其中的寓意，啟發我們去學習當我們處在混屯不明的環境時，要眼觀四面、耳聽八方，專注於當下的各種細微的變化，當我們的心能安靜，專注力能集中，我們就能讓思維逐漸清明起來，清明的思維，如同肥沃乾淨的有機土壤，能孕育智慧的種子，讓智慧萌芽開花。

　　抽到這張牌，「黑暗中清晰的覺察者」在告訴你：

　　你要有精準觀察的眼光，來接收各方面的資訊。

　　現在的你是否只用單一的角度在觀察現在的狀況？貓頭鷹的頭可以三百六十度旋轉，所以能夠從各個角度觀察。學習貓頭鷹多元的視角，精準觀察，培養專注力，如此才能喚醒你身上的潛

能。現在正是一個時機，你要仔細觀照你心中黑暗的部分，不要再將它藏起來或視而不見，當你願意用心去觀察，會發現其中藏著問題的解碼，就在其中。

★提示：
　　1. 多去閱讀，或著手做研究，收集多方資訊，連結黑暗中清晰的覺察者的頻率。
　　2. 需要更多獨處的時間，學習真誠的面對自己，消除負面消極的情感，讓自己變得更平和、更誠懇，讓智慧之光為你指明方向與目標。

★逆位：
　　你的生活中或許還有一些不誠實、偽裝與陰謀，你有勇氣面對它們、處理它們嗎？害怕是缺乏自信的表現，那是因為你不夠相信你自己有辦法掌握事情的發展，所以把它們隱藏起來。

守護法器：香

- 靈性提升
- 陽性能量
- 數字：8

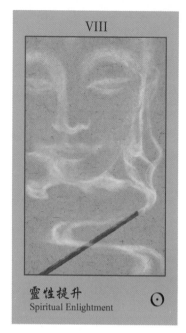

VIII

靈性提升
Spiritual Enlightment

淨化脈輪，滋養能量，安定心神是改變運勢的三個要素，你可以透過學習香道來靜心。香氣藉由鼻腔直達嗅覺神經，讓神經系統重新活化，讓脈輪重新啟動能量來打通身體的阻塞點，可以消除身體疲勞素，修補及淨化能量場，改善情緒、提高洞察力，轉化阻礙前進的信念，連結高等靈性意識，恢復本自俱足的幸福喜悅。

這張牌告訴你的是，靈性提升不是透過「追求」與「有目的的作為」而得的，反而是透過不斷地「回歸自我」，最終，效果不請自來。

意識的擴展就是觀照每一個當下的起心動念。覺察，如同一道道射進幽暗的光，使得在幽暗中運作的業力得以在光中轉化，輪迴因而鬆脫。

★提示：

1. 保持自我觀察，覺察自己是否有「向外追求」的傾向，請調整為「回歸自我」的頻道。

2. 當你呼吸著清香，就更容易連結高等諸佛的能量，可找時間抄寫經書。

3. 建議你每天定時定點打坐45分，盤一爐香給自己，與高等意識連結共振，覺察自我提升靈性。

★逆位：

現在你的靜心品質不佳，似乎還達不到寧靜的水平，試著透過腹式呼吸，感覺身體。脈輪有某些滯礙的能量，建議可尋求療癒師協助，找出問題。

守護法器：香

・守靜生力量
・陰性能量
・數字：8

品香，就是最簡單、又方便的
靜心路徑。香氣會讓腦波放慢，思
慮清澈，情緒平穩下來。建議每天
花十分鐘點香並冥想，去感受寧靜
的感覺，只有內心寧靜，才能有力
量去穿透外在的種種繁雜，放下執
著，減低障礙，更能有智慧的處理
一切。

這張牌告訴你的是，在寧靜中，有著不可思議的力量。當
你很煩躁或沒有行動力量的時候，用什麼方法能夠快速得到寧靜
呢？

另外，房屋本身就有氣場，所以當沒人居住或是太過雜亂，
就會迅速頹敗或阻礙靈氣流動，沒有了生機。這張牌提醒你，請
你盡快整理自己的居住環境，來提升運氣。勤於打掃，整理居住
的環境，你的工作與人際關係就能往你想要的方向改變。只要你
房屋或住家的能量順暢流動，就能招來好運氣。

★提示：

1. 捨棄不需要的東西，接著按照自己的直覺，決定家具的擺設與顏色，或著換一組窗簾，或把牆上掛的相框換掉。然後在乾淨的房屋裡擺上綠色植物，開窗通風讓空間進行光合作用，並且點上一爐香薰或泡杯茶，讓更多的香氛進入身體，放鬆紓壓、滋養身心。

2. 打掃可以活絡身體，等於動態靜心，讓你思緒清晰，身體健康。

★逆位：

現在的你有點煩燥靜不下來，心念已經失焦，請馬上離開你所在的現場，起身到戶外快步走或是跑步，調整步伐與呼吸，釋放頭腦的思緒與身體煩燥的能量，才能夠快速恢復平靜！

守護法器：寶石

VIII

彰顯財富的價值
Demonstrate the Value of Wealth

・彰顯財富的價值
・陽性能量
・數字：8

　　每顆寶石都是經過地心深處高熱高壓長時間淬鍊而成的。在大自然極端的條件下，創造出晶瑩剔透七彩炫麗的寶石。寶石擁有具大的地球能量，有著最高的適應性與穩定性。不管是東方或西方都深受喜愛，不但是富人用來展示財富的能力亦能作為金錢流通使用。

　　「彰顯財富的價值」指的就是璀燦閃耀的寶石需要被看到，並去使用其與生俱來的價值。也就是說你的財富需要透過流通去換取資源和利用。

　　這張牌告訴你，現在的你需要正確的看待金錢，有智慧地運用財富。目前不須積攢財富而是要讓財富不斷地流通擴展，花錢上一些課程，投資自己的學識。參加深度的旅遊，增廣見聞，開拓自己的視野。廣交朋友拓展人脈，慷慨不計較。行善樂施，幫助窮困的人，這些都將徹底改變你的生命格局。

　　你擅長連結與創造資源，財富的格局與你的能力施展非常有關係，透過支持他人的行動，會為你帶來更多的豐盛，你會體驗到付出本身即是富足的道理。

★提示：

1. 如何有智慧的使用手中的財富，是最重要的事，金錢的流動，可以帶來新的可能。

2. 過多的擔心與害怕，無法使財富有效運用，記住千金散去還復來。

3. 忌為守財奴。

★逆位：

很在乎錢，只守著原有的資產，無法有效運用金錢，雖然有錢，但生活品質不高，精神上的滿足感也不足。

守護法器：寶石

- ·守成勤奮　積攢財富
- ·陰性能量
- ·數字：8

　　每個人與生俱來擁有生命的豐盛，如果你願意在自己能力範圍內勤奮努力去累積財富，願意投入時間，有妥善吸收理財的知識，便可以讓生活過得踏實。

　　一個人的外在狀態，是其內在狀態的顯化。因此若想輕鬆地擁有外在收穫，得先從累積內在能量開始。當內在能量飽滿時，便能更輕鬆地在事業及情感等各個外在領域，顯現出豐足圓滿的狀態。

　　「守成勤奮，積攢財富」指的是勤勞努力去工作而不懈怠，將工作所得，積累下來。

　　這張牌告訴你，若你想要過著富足無憂的生活，「想」及「急」是沒有用的！儉約勤奮，務實眼前才是你目前應該要做的。所以首先要靜下來，了解自己目前的財產狀況，分清楚流動資金和非流動資金。第二則是開源節流，增植財源，正職工作之外，可以利用自己的技能增加收入。第三，儲蓄觀念，無論你的收入多少，都要養成儲蓄習慣，擺脫不必要的花費。腳踏實地先點滴累積，深入了解金融商品後，創造相對穩健的額外收益。

　　守成理財的第一步就是管理眼前的一切，無論現在的數字有多小，但如果沒有從這理開始，就無法擁有更多。所以千萬不要忽視小錢的力量，覺得收入少再怎麼存也存不到百萬元而放棄，

珍惜每一分錢，積少成多，聚沙成塔，養成不亂花小錢，存小錢的好習慣後，錢也才能「存」得下來。

★提示：

1. 重整對於財富的信念，潛意識裡是否存在對錢財的負面觀感，另外要移除限制性的信念，例如：賺錢很辛苦，我不可能是有錢人，要翻身很難等等。

2. 小錢也是錢，忌大手大腳。

3. 理想先擺一邊，務實眼前。

4. 停止擔心沒錢，將焦點放在如何賺更多錢。

5. 平時可配戴一些招財的寶石，增加財運、增加勇氣及帶來好運氣。

正財：鈦晶、綠幽靈、紫水晶、葡萄石、橄欖石

偏財：黃水晶、黃玉紫、黃晶、鈦晶

★逆位：

選擇了你不太喜歡的職業，可能只能勉強度日，在財務上陷入掙扎，入不敷出。

守護法器：植物

VIII

迎向陽光 充滿生機
Embrace the Sun Live to Fullest

・迎向陽光　充滿生機
・陽性能量
・數字：8

　　大自然中存在著各種各樣的樹種，每個種類的特質形貌都不一樣，各有特色，而這裡針對的是植物界裡具備陽性能量的物種，如松柏，楠木，檜木等。

　　這類樹種的特色是生長極為緩慢，質地堅硬。不管嚴寒酷暑，依然傲立，根部強韌有力，可以穿透岩石地層。它們的氣質是從容的，堅貞剛強的，能夠適應環境的變化，樹齡比較長，能達到百年以上，具有穩定大地的功能，同時具有極高的經濟價值。

　　「迎向陽光，充滿生機」的意思是，經過長時間的積累，你已如如松柏一般，有極強的抗壓力及生命力，同時從容而沉穩，現在該是你大顯身手的時候了，請你完全敞開，迎接生機蓬勃的時刻，盡情去展現吧。

　　這張牌告訴你，你是一個能讓人信任的人，也樂於幫助他人，現在的你，經過長時間的積累，有很多不錯的機運已經成熟，是該讓自己展露頭角的時候了。積極地發揮你的能力，提昇自己的效用，接納生活中不同的事物或不同階級的人，人生的境界會更開闊。

★提示：

　　1. 完全敞開，與外界連結，注意靈光乍現，激發的新創意，會給你帶來不同的收穫。

　　2. 積極一些，嘗試與外界或不重領域的人合作。

　　3. 安排一次森林之旅，抱抱松柏大樹，排除停滯能量，深呼吸，沐浴陽光之中，可以回補能量。

　　4. 可以使用木本氣味的精油，富含芬多精，能夠轉換情緒，平衡體內機能，舒緩鎮靜心神作用。例如：沉香，雪松，檜木，冷杉，絲柏，沒藥等。

★逆位：

　　無自信心，害怕面對人群，無法完全敞開，無法獨立。

守護法器：植物

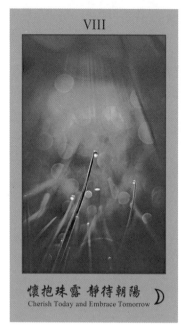

VIII

懷抱珠露 靜待朝陽
Cherish Today and Embrace Tomorrow

· 懷抱珠露　靜待朝陽
· 陰性能量
· 數字：8

　　大自然中各種各樣的花朵，都有其季節性的。春夏秋冬，各展花容。

　　春天，萬物復甦之際，小草破土而出，一片嫩綠遍布大地，為人間增添生機的氣息。綠草軟而且弱，有時連一滴小小的露珠也會讓它不勝負荷，但它有著令人敬佩的生命力，可以在一陣毫無預警的狂風暴雨後，彎腰低頭，隨風搖擺，然後依舊安然無恙地繼續生長。

　　「懷抱珠露，靜待陽光」的意思是，你要學習如同花朵、藤蔓、小草一樣含蓄有韌性，在環境中柔軟謙卑，願意融合大地，願意等待朝露的滋養，展現生命力。

　　這張牌的提醒是，你希望你的特質能夠展現出來，能被看見及認可。這是很正向主動的態度，但首先你不要有競爭及比較的想法，因為玫瑰不能跟牡丹比較，每一朵花都有屬於自己的樣貌，有屬於自己的花季，如果你的花期到來，就換你全力去綻放、去展現，所以不需爭先恐後。最重要的是，在綻放前，要吸收周圍的人事物給你的滋養，要打開自己，如同朝露為你帶來新鮮，朝氣與活力一樣。

　　現在不急著求結果，靜靜的等待，要細心地對待每件事，安住在現實裡，守住自己的特質，然後植根滋養自己。不需不斷地

向外比較，向外求取資源，而是要培育自己，豐富自己。

★提示：

1. 請你細細品味自己正在體驗的事情，以及周遭正在發生的事情。

2. 需要獨處時光，找出興趣愛好並深化它。

3. 涵養自己，做一些室內靜態的活動，多閱讀，拉筋，冥想等。

4. 多接近大自然，連結大地的能量，接接地氣，感受大地給你的啟發。

5. 使用芳療，幫助你度過人生的低潮，維持情緒平衡，提振心情。例：快樂鼠尾草、丁香、迷迭香、檸檬、廣藿香、歐薄荷、羅馬洋甘菊等精油。

★逆位：

因為太急，精神消耗過多，精神不濟。與他人比較，看不見自己的特質與美好，毫無生命力。

守護法器：寶劍

- 氣定天下
- 陽性能量
- 數字：8

VIII

氣定天下
Conquer the World

「氣定天下」，是外在的能力及內在的氣度融合後的展現，站在充滿自信勇氣及力量的位置，光芒四射卻不會盛氣凌人；是一種領導力的表現，具有樂觀的自在本能，挑戰自己、超越自己也觀照眾人。

一個人的強大來自於誠實及謙卑的內在，並且時刻帶著敬畏的心態去對待生命中遇到的每個人每件事，這樣的心念及態度，會讓我們有責任感及承擔事物的能力，活在當下，善用自我特質，站上本然的位置，榮耀自顯！

此時抽到這張牌的你，有著一種強大並溫柔的氣場，它代表的是一顆無懼的心並充滿愛，溫和友善、但立場堅定，面臨危機時更懂得如何做到「化不可能為可能」，在奮力抵抗時除了保護自己的生存利益，也不會忘了照顧週遭的一切。現在的你內心充滿力量，記得帶著謙虛有自信的態度，儘可能的去服務群眾、家人、朋友，一切都會因你而更美好。

★提示：

1. 你是個具有英雄特質、樂觀積極正面的人，可以在自己感興趣的專業領域發展或創業，在工作上很有自信，有行動力、組織力，適合站在為團體付出的位置做事。

2. 多點耐心，放輕鬆，多接近大自然、大山、大海、大漠，很適合你。

3. 深入自己，珍視自己的特質。

4. 觀照自己投入一件事情的動機，是來自於內在的熱情，還是希望他人肯定。

★逆位：

目前無法看見自己的特質，浮躁，不能氣定神閒，不實事求是，需要訓練定力。

守護法器：寶劍

VIII

華光初現
Embrace the Bright

- 華光初現
- 陰性能量
- 數字：8

寶劍象徵果斷、決斷。寶劍是武器，同時也代表了地位及身分，古今古外對於寶劍的故事及傳說，不勝枚舉。

寶劍銳利刀鋒是從不斷的磨礪中得到的，想要擁有珍貴的精神品質或是特殊才華都必須透過不斷的努力、淬鍊、克服諸多的困難才能達到。

人要成長與進步，需要在二個方面下功夫，一個是「體」，即體會與經驗」，也就是我們常說的「心法、底蘊」，這部分的學習是持續性的，需要不斷去體驗新的經歷。另一方面叫做「用」，就是「用法、技巧」，這個學習是具有階段性的；如同書法習字的過程，不管是力道大小、轉折翻騰、實虛變化，寫到慢慢自在、隨意起落、不被規矩限制，但卻無不合乎方圓的至理，這才算臻至其中的奧義。

這張牌告訴你，長久的耕耘與等待後即將見到豐富的收成；華光初現，如同農夫精神，是一種將生命落實於耕耘的信念，細心培育灌溉、等待種子發芽。恭喜你，時候已經到了，你的認真與堅持終於讓你出現曙光，過往的努力就是為了迎接這個時刻！讓自己敞開綻放吧！

★提示：

1. 你蓄積已久的能量會帶來很多創意，信任自己，安心得去嚐試與改變。

2. 你本身自帶一種貴氣，出眾的氣質讓你在群眾中顯得特別，從眾心態並不適合你，偶爾孤僻完全不會妨礙你的人際關係。

★逆位：

對於能展露頭角的機會猶豫不前，在自己預設的情況裡，充滿了擔憂。

守護法器：弓箭

VIII

聚焦目標
Focus on Target

- 聚焦目標
- 陽性能量
- 數字：8

　　在古代弓箭比刀槍更為致命，所謂弓響人滅，自古以來多少名將死於弓箭之下，所以有句古話「武器一十八般，唯有弓矢第一」。一名合格的弓箭手，射術精湛是基本要素，每次射擊必須射到指定的區域，但是精湛的射術不是與生俱來的，需要經過後天刻苦的訓練，付出加倍的努力及毅力，可能終其一生都在練習。除此之外還必須要有強大的心理素質，才能做到屏息凝神，彎弓搭箭命中目標。

　　而「聚焦目標」指的是已經滿弓上弦，鎖定目標，此時應下定決心，付諸實行。如圖所指，弓拉滿弦表示已經準備好了，出擊的時刻已來臨。在任何事情的開端，要有所盤算，莫忘初心，才不致於失之毫釐，差之千里。所以動機是很重要的，動機純粹才能聚焦，明確自己的動機，心識的能量便會自然地引向目標的所在，否則就會分散，虛耗。

　　這張牌提醒是，你有一個新的計劃即將開始，會遇上與你志同道合的人並且會為你帶來新的契機，勇敢放手行動去完成你所設定的目標，朝著你的夢想前進吧。

★提示：

　　1. 做自己生命的設計師，找到動機並且設定目標，必須果斷地透過行動來完成。

　　2. 對自己誠實，量力而為，不要設定很多無法達成而適得其反的目標。

★逆位：

　　能量處於散亂的狀態，面對事情猶豫不決，沒有目標，不知該往哪走而一直留在原地，只願意待在自己的舒適圈。

守護法器：弓箭

VIII

蓄勢待發
Ready to Go

· 蓄勢待發
· 陰性能量
· 數字：8

　　箭是古代重要的射擊兵器，與弓配合使用，稱為弓箭。

　　不論是東方還是西方，對弓箭都是極為重視，在冷兵器時代，弓箭是最可怕的致命武器。弓箭部隊是古代軍隊絕大部分的火力輸出，一個好的神射手絲毫不亞於一支軍隊，有時可以給予敵人致命一擊，達到扭轉戰局的目的。弓箭手易得，但神射手卻很不容易培養，這是因為射擊需要各種條件齊備，首先必須具有強壯高大的身體，銳利精準的目光，另外需要相當的內力和持久力，最重要的是比常人更高強度的心理素質，全然的專注無雜念，心無旁鶩。

　　「蓄勢待發」指的是要蓄養心性，養深積厚，儲備好自身的能量，等待時機再行動。長時間一直處高壓強度下生活，容易失去判斷力，適時地休息才能走更長遠的路。

　　這張牌要告訴你，目前非射擊的時刻，而是要養精蓄銳，韜光養晦，靜待時機，並做好蓄勢待發的準備。現在唯一要做的就是等待加自我訓練，這個時候需要耐心耐性，就像圖片上的箭頭雖然已經發出銳利的光芒，但此時仍須等待滿弓射出的那一刻。任何事物的進展，都需要時間的鋪墊，對外在保持被動，在內在精進努力，靜候時機到來。

★提示：

1. 目前尚未準備好，不可太過著急、太衝動，仍要休養生息，照顧身心，保留能量。

2. 休息是為了走更遠的路，適時放鬆休息消除疲勞，安排有意義的活動，保持頭腦的思路清晰。

3. 培養不同的興趣，對身心的鍛鍊是很重要的。例如心理類的藝術美學、人文科學，可提高審美意識及美學價值。或者生理類如慢跑，爬山，游泳網球等，定期運動、強健體魄，維持身體健康。

★逆位：

目前狀態不佳，身心過度疲勞，事情來的太快，出乎意外，來不及應付，先慢下來，停損。

守護法器：光球

VIII

四海一家
We Are the World

·四海一家
·陽性能量
·數字：8

　　浩瀚的宇宙，一直不停地在進化，在一呼一吸的振動頻率中，持續傳遞著一種恆常不滅的能量，我們稱之為光。光很細微且大多是肉眼看不到的，它中性、純淨，寬廣而安定。而宇宙高頻的愛，如同光一般，與世間的情感關係不同，他無私、無念。光就是愛，愛就是光。

　　所有的光球聚在一起，形成一股一股的光束，光團，我們靈魂的本質是一樣的，共振成一體，世界本是四海一家，無分別。而愛就像是泉源，具有感染、喜悅的力量，更可以群集眾人，包含萬物之力，以創造生命共同美好遠景。

　　這張牌提醒是，現在的你不再對特定的對象有所執著，不再只有擷取於對自己有益的事情，可以在情愛與關愛之間自由的流動。心中充滿了無分別的大愛，「無差別」的心態，讓你對所有的人事物一視同仁，無論你走到哪裡，內在的光都時刻地綻放著，不只光耀了你自己也同時把寬廣無邊的愛傳遞給週遭的所有生命！

★提示：

1. 你有什麼執念（或恐懼）阻隔了愛的感受。檢視自我，經常提昇到觀察者的角色，而不是只是參與者。

2. 太陽發光，從不選擇所照耀的對象，而是人們自己的無價值感與憤世嫉俗，阻擋了流向自己的光與愛。

3. 愛與光無所不在，無限供你取用，在清風中，在低潮幽谷中，在挑戰、創痛，在你執取不放的煩惱中，請記得深呼吸，感受愛之光，憶起你本來的無限，放掉對自己的評斷。

★逆位：

只在乎對自己有益的事，無法一視同仁，感受不到愛，所以無法自內心的去傳遞愛。

守護法器：光球

・靜即一切
・陰性能量
・數字：8

VIII

靜即一切
Tranquility is Everything

當你的思想淨化，情緒被療癒了，你的心靈能量導向為「愛，喜悅，和平」的狀態，你的振動頻率提升便可以看見內在自性光。光是人體最微細的基本元素，充滿在我們肉體與環境四周，只有在高頻能量時才看得到它們的存在。

光球象徵高等能量的聚合物，能在冥想的時候幫助我們內在自性光覺醒與提升。當能量提高時，我們身體四周的光會經由共振而釋放光粒子，東方人叫做磁場，而磁場的作用會讓你感覺細胞微微在振動，像身體通電一樣，可以感覺到整體氣場的流動。脈輪可藉由光球來淨化或清理，把阻塞的能量疏通，能促進腦波穩定，在這種虛與實的物質的相互作用下，提供一個整體性的平衡，平衡是一種狀態，而這樣的狀態，即能自然而然升起靜，越平衡，寧靜的深度廣度就愈大。

這張牌提醒的是，現在的你必須要下功夫在如何去平衡內在與外在，在這個狀態裡，自然而然的涵養出靜的狀態，學習古文『大學』裡的「定、靜、安、慮、得」，知止而後有定，靜下心來，就可以得到安寧，便能夠思考而生發智慧，難題也就容易解決了。讓心靈挪出空間來，好好的去想一想，或聆聽來自內在的訊息，或許可以悟出一些道理。

老子說：「歸根曰靜，是謂復命」，生命的根本是在寧靜中恢復的。靜能生慧，讓心靜下來，你才能看淡一切，反觀自己，學會放下。靜，通一切境界，與靈性體結合，自然就打通自性本源的通道，自在通透。

★提示：

1. 保持自我觀照，往內走，與內在的自性光連結。

2. 光是極靜的自然展現。

3. 閉上眼睛，試著感覺自己的身體不舒服的地方或著舊有的傷口，想像一個如乒乓球大小的光球，透過一吸一吐的方式發光，將不舒服的感覺釋放到光中轉化它。

★逆位：

身體呈現不平衡的狀態，雜念太多，渴望被外界認可，把自己看的很重要，無法嚐到靜心的品質。

守護法器：書

VIII

善用書中的知識
Knowledge is Power

- 善用書中的知識
- 陽性能量
- 數字：8

在生活中廣泛去學習各類知識，因為知識能擴展你的認知與意識。

匯聚所學知識將其融會貫通成為智慧並善用它，最重要的就是領悟其中道理並知行合一，轉換知識為夢想的實踐方式。

「善用書中的知識」指的是透過所學的知識，用在生活或工作中，實操在此刻是更重要的。知識本身不具備力量，是使用它，用它交換資源，才能產生力量。另外也將你所知道的智慧，不管是學識上、或是生活面，盡力無私地給予你遇見及需要幫助的人。

這張牌的提醒是，現在的你正處於感官發達的時期。

你會理解人世間萬事萬都有其獨特性，因為長時間積累厚實的學養，你懂得如何創造變化，懂得將自己所學習的知識與智慧，運用在與人合作方面。現在的你猶如一個愛的傳遞者，善於在平凡中發現不平凡，將生命的層次再一次提昇到新的境界。

生命的意義，就是體驗生命，多讓自己嘗試新事物，帶著信心，不斷求進步，切實落實「知行合一」，言行一致，那必然可以帶著你的欲求和期望而獲得成功！

★提示：

1. 你是樂觀進取的人，凡事要審慎評估，切忌衝動行事，如果是真心想要就請堅持到底。天賦是上天賜予你的禮物，盡情地展現你的才華，這會成為你的魅力所在，打開心胸擁抱世界吧。

2. 積極的行動可以得到報酬，不應該再對事情有所遲疑，而應該匯集你所有的勇氣及力量走出去，坦然而迅速的向前邁進。

3. 信任自己可以治療你所接觸到的每個人事物，讓你在處理任何事情時，都能得心應手。

★逆位：

墨守成規，喜歡安於現狀，不知變通，故步自封，難以有所精進。

守護法器：書

- 挖掘知識的寶藏
- 陰性能量
- 數字：8

挖掘知識的寶藏
Treasure the Knowledge

閱讀，能夠增廣見識，學富五車是人人想擁有的，正所謂「書中自有黃金屋」，等待我們逐一發掘。

閱讀除了讓我們充實知識外，亦能讓你成為更好的溝通者，可以拓展人際網絡與深化關係，有自信地與他人展開對話，加深彼此關係的連結；閱讀可以培養專注力與自我覺察，也可以協助你釋放壓力與激勵自己；讓你能辯證與激發更多的想法，促進你採取行動時能更周全。

這張牌卡的提醒是，請每天空出時間閱讀，以及養成做記錄的習慣，有助於提升思考能力，理解書中知識並經過辨識與內化後，將其融入到生活中的每一個面向，不斷挑戰，不斷學習，呈現出生命的無限面向！

★提示：

1. 訂定一個月至少看一本書籍的目標，並且找到適合自己的閱讀方式。書籍種類不要偏於一隅，任何書種皆可從中得到體驗。你是自己的主人，你知道你現在適合什麼樣的書。

2. 小心陷入自以為是的「井底之蛙型」思考模式，僅因過往的學習及生活經驗，來主宰了你現在的生活，會過於狹隘。

3. 久坐易造成下半身循環差，建議泡澡，或是做一些全身排毒的按摩，多做些抬腿運動，可以增加下半身代謝；適度補充微量元素和胺基酸，對身體的健康會很有幫助。

★逆位：

想閱讀卻苦無精力與時間，主要的原因是因為時間管理出了問題，心中思緒太多靜不下來看書。

戰神：摧魔

・數字：9

摧魔戰神
Destroyer Warrior

生命的形式即是一個不斷死亡與再生的過程。

在這個過程中，一種歷練輪轉後累積的恐懼與擔憂形成了防禦及攻擊心理，存在於我們性格的底層，甚至深埋在我們的潛意識裡，多數人無從察覺。其真正的動機，只是為了保護我們的生命，免受自然界的侵襲，造成生存的威脅。或者避免在情感或合作關係上受傷而築起的心防。

但任何事物都是一體兩面的，自我保護是動物界的生存本能，當這個保護機制過度了，會對外界失去信任，時刻擔驚受怕，我們變得敏感且神經質，多數念頭都是負面的，對於新事物既期待又怕受傷害。內心的定見及力量不斷被恐懼消耗掉，甚至會有攻擊性的語言或行為產生。這種無法自控卻如影隨形的心理狀態，我們稱之為「魔性」。

魔性亦是人性的其中一面，稱之為「魔」。是因為多數人無法控制自己的負面暗黑的心態，反而容易被其操縱。當魔性在運作狀態時，我們感到憤怒、怨恨，不想原諒，否定他人或自己，感受不到愛，不相信愛，覺得這個世界待我不公平，等等這些削弱自己戰鬥力的想法揮之不去。在這個狀態下的我們，痛苦、恐懼、退縮、失去力量，更甚者失去活著的意志。

此刻抽到這張牌的你，代表你正在經歷人生的黑暗，或者是

提醒你，要勇敢的去面對自己內心的黑暗。生命真正的價值，是在生活中不斷自我蛻變的修行過程。所以摧魔之意，就是「摧毀舊有模式，轉變意識思想，全面更新自我！」

煩惱即菩提，真正的敵人是自己，成長就是不斷蛻變的過程，接納並擁抱自己內心的黑暗面，找出恐懼的根源，帶著摧魔戰神給你的能量，勇敢的去穿透心中恐懼，淬鍊內在的精神力，成為真正的勇者，與本源相遇。堅定而主動的給自己創造投入到能給你再生的機會與力量的環境，藉此轉化、蛻變與成就。

★提示：

1. 請你放棄一些不合時宜的習慣與行為，找個地方放逐放空自我。

2. 停止評判自己。覺得自己不夠好、不配得的念頭，正如毒素般侵襲著你。

3. 容易在低頻的慾望層次中掙扎，覺得墮落也是一種快樂。然而，行樂之後又會後悔不已。

4. 你正處在蛻變中，或許剛經歷過重大變故，或許正開始經驗。你的內在有種自我淬鍊的光明特質，對於人性相當了解，對社會的黑暗面有一定的承受力，但仍需要多愛自己一些，不要逼自己太緊，與有高度思想的朋友談談心。

5. 建議尋找心靈的寄託，與具備人生經驗的導師、明師交流學習。

★逆位：

失去自我改變的力量，心有餘力不足。在負面的思維裡，無法自拔。

戰神：涅槃

IX

涅槃戰神
Nirvana Warrior

・數字：9

生命是一連串追求智慧之體悟進而與天地共存的過程。而涅槃則是終極目標，是斷除貪、瞋、痴、慢、疑……等無明煩惱，轉識成智，讓小我融入到浩瀚宇宙合而為一的究竟終站。絕非斷除自我生命的意思。與我們凡夫俗子認知的死亡是天差地別的。

涅槃是指經過修鍊，達到超脫生死、了脫一切煩惱的精神境界。所以，涅槃即是不生不滅，沒有生死，超越時間和空間，泯除人我的對待，不在生死中流轉，是一種是圓滿、永恆的境界。

宇宙的生與滅，皆來自於「覺」，覺是一種高意識的感受與認知，覺照的力量就是宇宙本自俱足的力量。當我們跳脫大腦中眼耳鼻舌身感官上的作用，就會覺受到整個天體宇宙中，有形及無形的變化所產生的種種現象，用心去感受並意識到人我無別時，那是無法言說的洞澈之感，從而進入到圓滿寂靜的本性中，時空的流轉已不具任何意義，無上的自在與喜樂不請自來。這個涅槃之境，不是去追求去努力就能到達的。

抽到這張牌的你，可能正在經歷或是剛經歷完生命中的一個考驗，這個考驗甚至是外人不易察覺的，或也可能比你之前所經歷的都還要艱難與深入，你的習性、恐懼與渴望像歷史般重演，讓你掙扎不已。而那些深刻的感受，就是要讓你再度觀照自己的內心世界，並且從中去體悟更接近真理的智慧，來洗滌療癒內在

的那個痛點，去面對它、穿越它。也請你帶著全然的信任，誠實的面對自己所有的種種糾葛，涅槃戰神的出現，就是要幫你插上雙翼，再次高飛，將過往的傷痕、執著、印記、都讓它完全的剝落，義無反顧的提升至一個新的領域或境界，如浴火鳳凰，究竟涅槃，奇蹟也就到來了。

★提示：

　　1. 你眼前所出現的一切，不論好壞，皆是你的內在及潛意識召喚來的。

　　2. 成長與生命的提升，沒有捷徑，每個環節都很重要，每個過程都是你必須去經歷的。

　　3. 判逆的性格，有助於讓你跳脫集體意識的枷鎖及綑綁，但要善用這份叛逆，它可以成為禮物，讓你敢於表達自我，不人云亦云，有自己獨到的見解。但切記不要落入意氣之爭，不要淪為情緒體的叛逆，為反對而反對，好勇鬥勝，這樣就可惜了。

★逆位：

　　無法有系統地思考，瞻前顧後，裹足不前。內心有股召喚的聲音，想要叫自己改變，但不知從何開始，迷茫難行。

戰神：財富

IX

財富戰神
Wealth Warrior

・數字：9

「財富戰神」，宇宙中掌管世間一切財富的守護神，是豐盛富足的高維能量中心。創化世間取之不盡、用之不竭的財富來源。

宇宙間存在著豐盛富足的能量，而能感知並懂著運用這股能量的人卻很少，總是在自我設定的框架中汲汲營營。豐足是每個人的天賦權利，相信你是生而富足的，則富足必然到來。

想要擁有財富，是多數人的願望，但生活是現實的，經過折磨挫敗後，往往會對自我產生懷疑，落入怨懟或無力感，對未來產生憂懼。更甚者落在各種的情緒中擺盪，此時容易操之過急，禁不起誘惑，出現不當的貪念，走捷徑，但這樣的結果大多不盡人意。因此要學習站在更高層次去看待富足，富足並不僅僅代表金錢的數字，當你處在愛的狀態，才能感受到自己生命裡所擁有的人事物，深刻領會愛與感恩的意義，付出更多才能得到的更多。

相信宇宙間富足的能量隨時供你運用，則吸引力法則便能在你的身上實現，成為財富的管道！

這張牌卡提醒你的是，首先要轉換自己的信念，無論你目前處在什麼樣的環境，想法和心思都盡量保持在正向及樂觀上，並且重視腦中出現的點子，因為它們可能會衍生出賺錢的新事業。並且對需要幫助的人伸出援手，對周遭做有意義的貢獻，財富戰

神會用各種形式，回送給你所付出的，如：機會、幸運、靈感、錢財、愛情、貴人等等。在這個正向循環下，讓你的靈性成長、心門打開、福報增加，活出幸福的人生。

★提示：

1. 要好好調理胃部和肝臟，不要因為情緒不好而暴飲暴食，也不要因為忙而廢寢忘食生活不規律，這樣容易傷害了你的胃和腎，也會妨礙你許多創意的展現。經常做做幾個深呼吸，也可以做一些增強耐力的體操運動。

2. 多和愛侶或朋友一起享受物質生活，美食、電影、展會、旅遊，能為此刻的你帶來能量的補充。與同伴共樂之時，會有很多可以變成錢的創意產生，腦力激盪會讓你們之間的連結更加融洽。若想創業，這是一個好時機，要重視財務規劃，瞭解金錢的運用與價值，努力工作，並享受金錢帶來的好處。對周遭的人大方一些，能在人際與錢財之間創造良性循環，生生不息。

3. 你有敏銳的觀察力，能夠分辨的出值得投資的項目或是理財產品，但注意不要因為人情而購買或投資，要理性分析及相信自己的直覺，不然容易招致損失。

4. 如果你是學生，建議可以就讀商學院金融方面的科系，若為社會人士，建議多涉獵金融相關產業。只要對金錢抱持著正確的觀念與態度，量力而為，你和所接觸的人也會因你而有所獲益。

5. 財富是你目前需要面對的課題，感恩及珍惜目前所擁有的，可以幫助自己更快的穿透眼前橫阻的障礙。

★逆位：

感覺到匱乏，入不敷出，為目前或未來的經濟條件擔憂。

戰神：藥王

・數字：9

藥王戰神
Savior Warrior

破無明殼，竭煩惱河，解脫一切生老病死，憂愁苦惱。

一切如來，身語意業，無不清淨。

「藥王」指的是可以療癒世間一切疾病的能量，摧毀所有的困境與苦難。如同茫茫紅塵中的一劑解藥，讓人了脫生老病死之苦。藥王戰神帶著解救蒼生，免去一切苦厄的大願力，讓在世間沉浮的芸芸眾生，不至於被淹滅在重重的病痛與難關裡，如同戰場上的醫護站，治療傷兵，讓他們能重回崗位，去完成他們的任務及勝利。

而人所遭遇的一切，不管好壞，都源自於業，而業，是一種行為。在佛教來說，分為身業、語業、意業三種，這些行為持續作用之後而產生出來的影響力，稱為業力，這個影響力會從過去延伸現在，甚至會持續到將來。

一個人行善作惡的方式與當下的心態，會影響業力的強弱程度。如果無法覺察到這個「業」，我們便會陷入無意識的行為模式，無止境的重複循環著。

所以，「藥王戰神」的出現代表著宇宙間最強大的療癒力已到來，徹底的洗淨你的身心靈，喚醒你的覺知，可以意識到自己舊有的習氣，遠離病痛災厄。現在遭遇到的疾病、苦難與困境，都是來自於因果定律，造成身心靈無法平衡。唯有改變因，才能改變結果。

生命的洞見是為了要讓我們了悟宇宙整體存在的真理，禮敬自然法則的運作，與天地和諧共存，讓天地為我做工，療癒一切，接納一切，愛一切。讓你可以自覺地選擇如何創造一個全新的自我與未來。

這張牌卡是在提醒你，此刻是你療癒自我的絕佳時機，無論是身體的病痛還是心理的痛苦與黑暗，請你敞開你的心，宇宙已為你打開治癒的大門，運用你的覺知，注意你身邊帶著療癒頻率的人或物，或資訊。嘗試去改變，下功夫於自身的省悟與靈性的指引，也請真誠地面對自己，看清因果、奉行法則，帶著全然的自我誠實與敏銳剖析，便能身心圓滿、事業成功。

★提示：

1. 你擁有敏感的體質，或許也有淨化能量磁場的能力。也就是說，你的雙手及意念，可以散發出充滿愛的能量來療癒他人。所以需要常常淨化自己的能量與周圍的磁場。

2. 本身比較重視緣分，在你的潛意識中有著強烈的宿命觀，喜歡用感覺去吸引與你有宿世因緣的人。所以連結的情感往往都是宿命的情感，來自業力習性的考驗比較大，需要付出不少的心力與代價。

3. 你是一個喜歡探究事物真相與規律法則的人。非常細心及貼心，往往見不得人家苦。因此會想辦法去理解並解決他人的痛，相對地在過程中也療癒了你自己。適合成為醫藥、生技人才。對傳統民俗療法、宗教、香氛、心理諮詢、催眠師有興趣，也可以深入探討研究，很適合做幫助眾人療癒他人的工作。

★逆位：

對所遭遇的疾病或苦難感到無助，沒有對策來面對。不信任他人提供的解決方案。

戰神：金剛手

IX

金剛手戰神
Vajrapani Warrior

・數字：9

金剛手戰神帶著無限喜悅，破除一切幻相的力量，守護世間眾生。

金剛般的無明業力，需要金剛般俱足的自性定力，用金剛般的般若智慧，做不滅的修持，讓內在的暗黑聚集，淬鍊無明，心光自現，徹照大千。

靈性的滿足，來於自性的發現與顯現。用神性佛性的威猛之尊，照見生命終極的實相。樂中有苦、苦樂參半、苦中做樂、有苦有樂、非苦非樂、無苦無樂。

能獲得並且經驗到無限的喜悅，是經過生活環境中，諸多的沖刷、淬鍊、不斷在「聞、思、修」中修持，認知到並且體認到了萬物「中性」的本質。因契入中性而產生智慧，因智慧而行走於空性，因空性而威猛無懼，因威猛而破除幻相，因破除幻相而無限喜樂！

這張牌卡提醒你的是，現在的你可以去尋求心中真正的喜悅，這種歡喜心並非是一般的、剎那間就消逝的快樂，而是更高層次的無上法喜，是持續的愉悅，喜樂充滿的靈魂之舞。

金剛手戰神共振了你內心的聖愛之光，用最快速與靈敏的節奏療癒了你，這種喜悅威猛自在的能量，內化了自我療癒的外在形式，能在承擔一切的同時，還能感受到內心深處源源不絕的寧靜與愛。

現在的你可以無懼於內外在的無明業力與負能量的顯現，相信自己，相信整個宇宙就站在你的身後，運用「愛」來面對「恐懼」，運用中性平和的本質，來體悟世間萬物的對立及差異，帶著金剛不動的品質，欣賞著塵世間變化萬千的面向。讓那寬廣無盡的療癒力、喜悅之愛傳遞於眾人。

★提示：

1. 靜心、冥想、是你的當務之急。

2. 若渴望能找到此生的靈魂伴侶，那就先與內在的自己和解，真誠真實敞亮的對待一切。

3. 喜歡與本身特質相近的人互動，朋友在精不在多。每天要找時間獨處，建議在一～二小時。

4. 在與最親密的人相處時，多用點心在各個情緒中找到互動的平衡點，展現你超然的智慧與幽默感，去互相扶持地渡過難關。

5. 你細心敏感，可能對生命有很深的疑問與期許，並因此走向自我追尋與成長的道路。很適合透過療癒他人來療癒自己，或是透過療癒自己而治癒他人。適合成為身心靈療癒師、心理諮詢師、宗教師、命理師。

★逆位：

時常感到匱乏，身體無力、精神不濟。對很多事不感興趣，努力維持正向負責任的人設，事實內在是既疲憊又缺乏熱情。

戰神：無量

・數字：9

「無量戰神」代表的是宇宙中寬廣無垠的愛，將源頭的愛能，進行量子分裂，溶入到世間的萬物之中，進入到你知道或不知道的所有不管是有形或無形的一切。

戰神用無上威猛之神聖愛力，將黑暗物質轉化成幸福光能。那是一種領悟佛性後再度擁抱人性的回歸，將佛性涵容於人性相對應之生活面的事件之中。戰神的神力是來自於決心守護的動機，愛讓人強大，讓人義無反顧，因為愛可以化解所有的黑暗。

無量戰神提供一種和諧的、齊世並進的、整體愛的提昇的能量，進而與內在本自俱足的生命本質相遇。「無所從來，亦無所去」，終究清淨無為，寂靜寬廣，自由自在。

抽到這張牌顯示，在現在這個生命階段，你受到無量戰神的眷顧與守護，不管你身處在什麼樣的生活中，你是被愛著的，被保護著的。上帝不是與你並肩齊步，而是把你擁在祂的懷裡。如果你感受不到，那你需要重新理解愛、定義愛、學習愛、及感受愛。

在目前這個談論愛及索取愛已氾濫成災的人世間，發自真心真意無目的及算計的愛，易發珍貴。愛以「真、善、美」的形式呈現，讓自己時時刻刻充滿著真誠、善意、美好的品質，你即是無量戰神的化身，與戰神同頻率，你就是愛，愛就是你。無量

戰神的愛，遍及宇宙的一切，始於陰陽交合、乾坤與共的合一狀態。對立、否定、評判等頭腦運做，在這裡已被轉化提昇。請暫時放下生活中事務的任何概念，讓自己完全的放鬆，跳脫立場及角色，不停整合並提昇，光亮自己也利益人群。

★提示：

1. 你的容量有多大，愛就有多大。延展你的愛吧，不要只侷限在你的伴侶父母孩子，哪怕是一個擦肩而過的路人、眼前需要幫助的陌生人，擴大你的愛，生命格局就此提升。

2. 現在的你，不管是面對已經存在的關係，或是正在接受一個新的情緣到來，你內在的成熟已足夠讓你去經營這段關係。提醒自己，維持在高的頻率裡，不要落入情緒的愛，避免控制及懷疑。珍惜每一個相處的當下。

3. 目前可能有許多不錯的機會，而你是一個單純而勇於嘗試的人，喜歡學習新事物，見識廣也樂於分享，天生愛照顧他人，或許有可能因此而過度順應他人的需要，而得忍讓妥協，過著不盡己意的人生。所以，若覺得累，覺得孤單，讓自己停下來，獨處一下，到大自然去感受一下，陽光、水波、和風、大樹、花叢、鳥叫蟲鳴……，皆是無量戰神的愛在等著療癒你。

★逆位：

感受不到愛，覺得被禁錮、受限。覺得不被理解、有怨氣或怒意。

戰神：虛空藏

・數字：9

虛空藏是一種無中生有，創化顯化的動能，亦是一股永恆不滅的能量。宇宙中的物質不滅定律，在虛空中以各種形式轉換著，不生不滅、不垢不淨、不增不減。如同水、雲、雨、冰、雪都是同一物質結構，只是呈現的形式不同而已。

因為虛空所以無限大，滲入一切物質，所有物質的最小終極形式即是虛空，目前的量子物理學，能用科學的方法應證此原理。

「虛空藏戰神」象徵持續不滅的演化者，包容萬物、攝服一切，兼具有形與無形，光明與黑暗，是所有生滅的核心。而創化的根本，就是宇宙本源之動能，合一無分別之智識。唯有平等心與慈悲心，能映照出內在靈魂的真實本質—寬闊、無分別與慈悲，才能與虛空藏的創化頻率緊密連結，無所為而為，自在穿梭在無數個時間空間之中，扭轉乾坤，空中生妙有。

抽到這張牌，代表你的內在本質是清淨的，而外在顯現則是多變豐富的。習慣透過對照來建立自我存在的定義與價值。建議你，凡事盡力而為，活在當下的狀態裡。平等心是你此刻需要去修鍊的。萬物皆有情，天生我才必有所用，在這三千大千世界裡，有著取之不盡用之不竭的資源，充滿了各種超乎你頭腦認知範圍的可能性及可行性，唯有放下評判、接納眼前一切的人事物，真正體認到你所遭遇的，皆是你自己吸引創造來的，這樣你

才能銜接上虛空藏戰神這股無所不在的創化性能量，來突破你先天的格局，鬆開成長背景所給你的制約，提升你整個生命的層級，直到人生的終點，究竟涅槃回歸虛空。這是一條不容易的道路，亦是一條千年來諸多聖人哲人選擇的道路……。

這張牌提醒你，當遇到挫折時，你必須有清淨心及寧靜力，連結創化的能量進入深層的自我覺知，屏棄批判，破除被外在虛幻所障蔽的我執，回歸內在的愛，挖掘可能性，找出可以執行的關鍵細節，如此必可扭轉乾坤，化不可能為可能！

★提示：

1. 想法、說法、做法、要盡量趨近於一致。特別是在與人合作上，落地並務實的結盟關係很重要。

2. 謙遜涵融的人生態度，有助於開展你的目標願景。

3. 在興趣方面，樣樣通樣樣不精無妨，多方涉獵可以增加創造力。但在專業的謀生技能上，切忌好高騖遠、虎頭蛇尾。

★逆位：

設限在自我的框架與侷限中，心門緊閉，不願意接受新的思維及方式。

乾
Yang

「乾」出自《易經》，《易經》是中國哲學思想的起源。

老子：「道可道，非常道」，崇尚道法自然。

孔子：「吾道一以貫之」的一，即是萬物演化的過程。

太極生兩儀，兩儀就是陰、陽，是一正一反的力量，陰陽不可分開，高度地配合，所謂陽中有陰，陰中有陽。萬物就是由陰陽交互作用而生成，有看的見的部分，就有看不見的部分。宇宙間自有規律，亂中有序，宇宙循環往復周而復始。

「乾」意指天，代表剛健，象徵太陽，生生不息、光芒永放。乾是始陽，是至陽，是第一陽，代表著進取創造的力量。在構成宇宙的陰陽二元中，陽性具備創造、活動、向上的本質，如日月星晨具有周期性、規律性、軌跡性。

天行健，君子以自強不息，主要是提醒我們要效法天道，時時自強不息，我們作為人，時刻要有一顆進取的心，奮鬥不止。

乾所代表的性格，主要特徵在果敢決斷，展現剛健武勇、重義氣、動而少靜、威嚴、正直、自尊、勤勉等。天道運行周而復始，永無止息，永遠閃耀。天體有規律地運轉，什麼力量都無法阻止及改變它。

這張牌卡提醒你的是，天道至善，萬物生發是善的開始，萬物生長是一切美好事物的會合，使諸事享通。萬物成熟而互不侵害，各得其宜，各自有自己的位置和職分，萬物收藏按照天道生長，是天理的自然體現。

陰陽平衡本是生命的根本，也是物體穩定的根本，陰陽雙方的消長轉化保持協調，既不過分也不偏衰，呈現著一種和協的狀態。

坤
Yin

　坤象徵地，代表純正，柔順，堅守中庸，包容萬象的意思。
大地之母，接受上天的能量，承載並孕育萬物。

　　君子以厚德載物。厚德是善良，用善良的心地去承載萬物，
用寬容接納的態度去支持萬物。

　　地勢坤，大地、大海，包容萬物，海納百川。坤性的展現是
承載萬物，不爭不顯不露，人需立足於土地才能生存，人類應從
孕育我們的大地之母，得到啟發，學習大地的品德，禮敬萬物，
以厚德待人接物。

在構成宇宙的陰陽二元中，陰性代表孕育，承載和順應的性質，表現形態是一種靜止中孕育、生養萬物，而又依天順時，承天之施作。坤的陰性需要接受陽性才可以發生作用。陽主動，陰處靜而制動，所以坤象徵著平靜和順、外虛內實，可承受勞苦，任勞任怨。

這張牌卡的提醒是，要有一顆臣服的心，才有能力去擁抱寬廣的人生。在處世方面要以靜制動，以柔克剛，按步就班，有著忠貞包容和溫暖的品質，對於身邊的家人朋友，能做到胸懷寬闊，忍辱負重，而且收斂內藏，涵養德性，容忍一切的器量。

國家圖書館出版品預行編目資料

宇宙原力：源能量覺醒卡/黃淑偉, 美瑤撰文；朱玥牌卡設
計. -- 初版. -- 臺中市：華商整合行銷, 2021.5
　　面；　公分
ISBN　978-986-99935-0-0（平裝）

1.占卜
292.96　　　　　　　　　　　　　　　109021218

宇宙原力：源能量覺醒卡

策劃編輯　洪敏喬
作　　者　黃淑偉、美瑤／撰文
　　　　　朱玥／牌卡設計
校　　對　呂美瑤
發 行 人　洪敏喬
出　　版　華商整合行銷股份有限公司
　　　　　40356台中市西區向上南路148號1樓
　　　　　電話：（04）2472-9278
　　　　　傳真：（04）2472-8279
　　　　　劃撥帳號：2285-6468　戶名：華商整合行銷股份有限公司
設計編印　白象文化事業有限公司
　　　　　專案主編：黃麗穎　經紀人：徐錦淳
經銷代理　白象文化事業有限公司
　　　　　412台中市大里區科技路1號8樓之2（台中軟體園區）
　　　　　出版專線：（04）2496-5995　　傳真：（04）2496-9901
　　　　　401台中市東區和平街228巷44號（經銷部）
　　　　　購書專線：（04）2220-8589　　傳真：（04）2220-8505
印　　刷　基盛印刷工場
初版一刷　2021年5月
定　　價　980元

白象文化　印書小舖　出版 · 經銷 · 宣傳 · 設計
www·ElephantWhite·com·tw　自費出版的領導者　購書　白象文化生活館